U0945164

将来的你

一定会讨厌

只是看起来很努力的

唐云 著

江苏凤凰美术出版社
全国百佳图书出版单位

不 放 过 每 一 个

可 能 成 功 的 机 会

将来的你，

一定会讨厌只是看起来很努力的自己

你的努力

只是看起来很努力

序

Preface

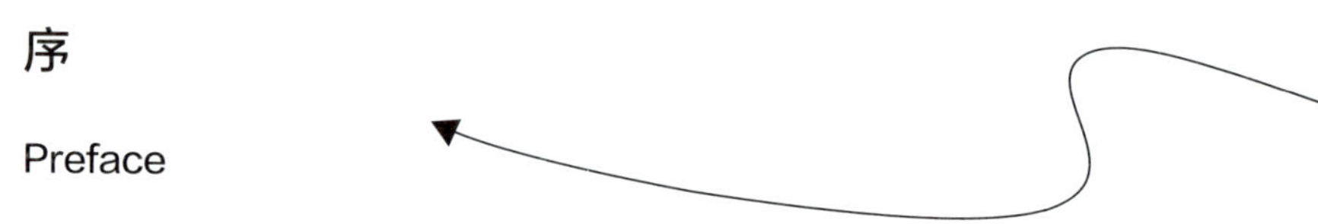

“为了赶投标书忙了整个通宵，好累。”

“拼了！这个点了小伙伴们还在看书！”

“在图书馆泡了一个学期，然而奖学金依旧没拿到手。”

……

社交网络上，朋友、同学、同事、同行每天都更新着各自的状态，他们的勤奋、他们的努力隔三岔五就会出现新花样。

渐渐地，我发现那些活跃在朋友圈各种晒努力、晒勤奋的人，日子并没有一天比一天舒坦起来，相反他们总是努力、失败，再努力、再失败地循环着。

那位为了赶投标书忙了整个通宵的朋友，其实是下班后先跟男朋友逛了逛街，吃了晚饭，又看了场电影，等回到家的时候已经深夜，才想起来第二天要用的投标书还没写。

那位深夜了还和小伙伴们在看书的同学，只是平日都没认真

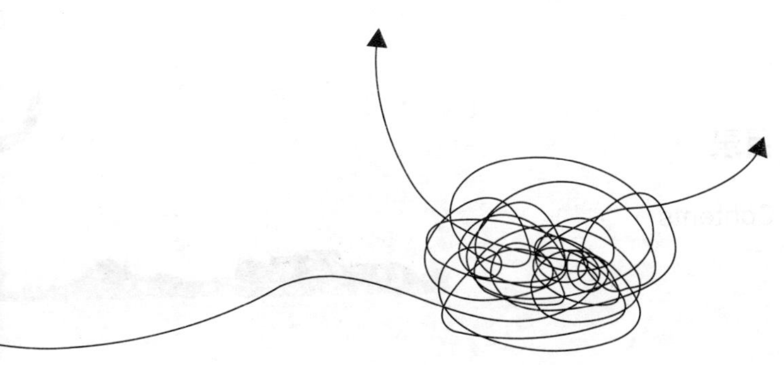

听课、记笔记，更没有看书，考前在为不挂科突击准备呢。

那位在图书馆泡了一个学期，却没有拿到奖学金的同学，只是在图书馆将专业书打开后，埋头于新出版的小说。

……

晒努力的人都是因为知道努力的重要和珍贵才会去晒，也不仅仅是让别人看，更是为了给自己的努力一个实时的见证。可是努力不是用来晒的，当你觉得自己足够努力时，总会有人比你更努力。

当你每天啃书到深夜11点时，你总会看到对面楼还会有亮着的灯；当你加班到凌晨2点，准备打车离开公司时，路上除了你，还有别的行人。

所以，不要再感叹于自己的努力了，不妨问问自己，你真的足够努力了吗？还是你的努力只是看起来很努力？

目录

Contents

079 像一无所有那样去努力

107 成功来得不迟，只是你太早放弃努力

01

Ni Shifou Zhishi Kanqilai
Hen Nuli

你是否只是
看起来很努力?

为什么你的梦想只是梦想？

很多年轻人对未知的人生勾勒得其实并不是十分清晰，很多事情尚不明朗，很多事情并不亟待开始。但是，在我们为梦想而努力时，很多事情还是亟待我们去努力做好，向前推进并取得成效的。

开普勒25岁时就发表了重要著作《宇宙的神秘》，明确肯定了哥白尼日心说。

牛顿22岁时就发现了广义二项式定理，为后来的微积分学奠定了基础。

爱迪生21岁时就取得了自己的第一项发明专利。

拉斐尔20岁时就已经名声大噪，成为佩鲁贾的首席画师。

乔布斯21岁时就创立了苹果公司；比尔·盖茨20岁时就建立了微软的帝国大业。

扎克伯格20岁时就开创了脸谱网，开启了一个世界范围的社交网络时代。

……

你也一直努力着，那你的梦想实现了吗？你为了自己的梦想依旧放任着自己，还是在真正努力呢？

有一对爱玩闹的姐妹花，她们就读于同一所大学，只是姐姐程程是广告系学生，妹妹宁宁就读于文学系。四年后，两人同时毕业，同时找到了工作，同时开始了社会历练。

一向同步的两个人，此时的人生轨迹开始不同步了。以前，特别喜欢玩游戏的姐妹两人总是在一起联机打电动。但是现在，姐姐程程整天早出晚归，白天根本见不到人，只有到了午夜时分，才见到一脸疲倦的她披星戴月而回。而妹妹宁宁下班后依旧有的是空闲，她一个人没事儿就守在电脑旁，激情四射地打游戏，她也常常熬到午夜，只不过是在打游戏。

程程自从参加工作以来，从不请假，从不迟到早退，有时甚至生病了，也会坚持带病上班。遇到节假日时，只要公司有急活儿，程程从来不会计较加班多少，也没有抱怨多久没休息了，只会自觉加班将工作做到位。她将自己全部的业余时间都投放到工作上，珍惜着能提升自身能力的每一分每一秒，努力进取。而做这一切都只是因为程程初入大学时就有的要做一名出色的广告人的梦想。

宁宁也不是没有梦想，可她觉得实现梦想需要有一个很好的平台，她一个刚毕业的大学生怎么可能那么早实现梦想呢？她现在最需要做的是等待和适应，她需要时间来适应这个社会，她要在自己熟悉这个社会后再着手实现自己的梦想。所以，尽管宁宁也在上班，但她的状态跟上学时没什么区别，用来玩的时间所占比重依然很大。很多时候，宁宁觉得公司没有什么事的时候甚至会翘班出去玩；事假、病假，能请假的名目，她几乎都用遍了；她还经常迟到早退，当然也绝对不会加班。

一年后，程程被任命为设计部的副主管，公司领导对她寄予了厚望，程程回顾了自己辛苦努力的一年时光，没有觉得疲惫，反而觉得自己离梦想更近了一步。而宁宁工作了一年，基本上没有在工作上投入多少精力，反而因为贪玩占用了不少工作时间。于是，在试用期刚刚结束，宁宁就被公司劝退了。

每个人在为梦想努力的一开始都是空白的，万事开头难，只有全身心地投入进去才会明白自己的梦想该如何实现，才会更好地为自己的梦想去努力。

成功的辉煌是多么绚烂，绚烂得甚至有些晃眼，那些获得成功的人在年轻时所爆发的力量、所付出的努力使他们达到了个人发展道路的一个又一个巅峰，而这些巅峰对其他人而言，也许还需要努力十年，乃至二十年，甚至终其一生都不会实现。所以，不妨问问自己，你真的很努力吗？或者只是看起来很努力？将来的你对于自己目前的努力会认同吗？

想想我们在这些年的努力中做了什么呢？换了5部智能手机吗？用废了3台电脑吗？打爆了7款网络游戏吗？看过了15部韩剧吗？穿过了20种品牌的高档衣服吗？吃遍了30种招牌美食吗？难道我们能做到的事情就只有这些吗？当然不是。因为我们的努力只是看起来很努力，我们的努力只是为了安慰自己。

只要我们积极进取，即便做不到标杆所达到的高度，也不能顺着深谷理直气壮地滑下去。只要我们愿意拼尽全力，奋力一搏，是有机会、也有能力在青春年少时就做出一些成绩的，所以，时不我待，我们必须珍惜青春，每分每秒努力不止，让我们的梦想不再只是梦想。

▼

你的努力
只是在瞎忙活

一群伐木工人在一片树林中清除矮灌木，当他们用尽全力将灌木林完全清除后才发现，他们需要清除的不是这片树林，而是旁边那片。

这个故事简短而发人深省。其实很多人都犯过这样的错误，这并不是说我们做事不够积极努力，而是我们只靠自己的理解或者自己印象中的要求去做，只是一味地瞎忙，这种只是看起来很努力的状态，会导致我们的努力被全盘推翻。

道理很简单，可是这样的问题总会一再出现在我们身边。我们当中有很多人忙起来就像这些伐木工人一样，每天都会埋头苦干，却没有停下来思考自己在做什么，也没有意识到怎么才能做到高效卓越，才能靠近成功。

林志三年前大学毕业时踌躇满志，他对自己的未来充满了希望，他一心要做成一番大事业，一心想着能出人头地。可如今三年过去了，林志发现自己依旧在原地踏步，与刚毕业时比，自己没有一点点进步。而跟自己一起毕业的那些同学有的已经当上了经理，有的成了部门的主任。

羡慕之余，林志从自己身上找原因，他将自己失败的原因归结为自己在工作上还不够努力，林志觉得他每天的工作时间还不够长。正是因为自己的工作时间短，而且不像别人那么努力，所以才会有现在这么大的差距。林志决定要努力去赶超同学，他想着以后每天要把更多的时间用在工作上，他要更加努力地工作，再过三年，他一定要超过自己的同学。

就这样，林志在忙碌中又过了三年。这三年林志做到了努力工作，他每天的工作时间都保持在10个小时以上，他也终于如愿获得了升职的机会，可是他发现自己的那些老同学也在进步，而且进步比他还快，此时他跟以前的那些同学的差距更大了。

林志感觉到苦恼和无助，这时，林志的部门经理看出他的这种困惑，他递给林志一本关于时间效率方面的图书，并且对林志说："这本书里有你想知道的答案，好好看看吧。"

一个月后，林志把这本书交还给部门经理，并深深地向部门经理鞠了一躬，以此来感谢部门经理对他的帮助。在读了这本书后，林志找到了自己的症结所在，原来林志虽然一直在忙碌，却是没有目的性、盲目地在工作，他从来没有给自己制订一个系统的计划，他看似将很多时间用在提升自己上，实际效率却很低，说白了，他就是一直在瞎忙活。

林志向部门经理保证，他以后一定会合理安排自己的时间，再也不会像以前一样让时间盲目地流失了。此后，林志每天都会制订工作计划，并且按照事情的轻重缓急分别处理手头的事务。这样一来，他的工作效率大大提高了，他最终也获得了心仪已久的职位，也赶上了跟自己同届毕业的同学。

大多数的人工作起来都会抱怨连天，每天累成狗，却依旧完不成工作任务。面对着上级的咆哮、同事的质疑已经够委屈了，更别说涨薪、绩效、年终奖这些“别人家的福利”了。这大部分是因为你没有分清事情的轻重缓急。有了新任务忘了旧任务，有了简单任务忘了复杂任务，有了短期任务忘了长期任务，这种事情是不是经常发生？而这边干一点，那边干一点的努力状态，就是瞎忙活。

毫无计划地生活和工作，只会让自己每天都看起来都在忙碌，而这个“忙碌”的过程效率极其低下。回顾每一天，你会觉得自己做了大量的工作，但细细回想一下，这些工作你都是在高效率的情况下完成的吗？做这些事情时你是否做到井然有序呢？你是否是按照事情的轻重缓急去执行的呢？你的工作效率是否经过合理规划而得到进一步提升呢?

时间不是奢侈品，却又是最奢侈的。时间不能让我们任意挥霍，所以我们在努力的同时一定要珍惜时间，提高效率！不要让伐木工人的事件在你身上发生，一定要在努力前明确好方向，这样不仅能让你有更多的时间去思考，还能在无形中让你对自己将要做的事情进行细化、分类，让自己少走弯路，并且还能提升你的努力效率。

再忙再乱你也只有一双手、一个大脑，有条不紊地规划好事情，用点心去努力，这样，你的努力才不是瞎忙活，才会让将来的你问心无愧。

▼

你是否
选对了努力的方向？

对很多人来说，努力并不是难事。但是往什么方向努力呢？会不会使错了劲儿呢？这样的迷茫让很多人的努力程度大打折扣。所以在努力之前，一定要找准方向。

陈明对未来的职业规划开始得很早，甚至在还没上大学的时候就已经开始考虑了。他想做一名战地记者，穿行于硝烟战火中为全世界人民呈现最真实的战场信息。于是，他通过努力，最终考上了中国传媒大学。在大一时，他就已经想好大四时要进入哪一家工作单位，于是，他按照既定标准自我历练、自我充实。当大四毕业季终于来临的时候，当同学们还都在无所适从、焦头烂额、左顾右盼的时候，他胸有成竹地直接选择了记者行业，并且直接向早已瞄准的那家单位投了简历。最终，完全符合条件的他毫无悬念地进入了那家单位，成为了一名记者。

及早朝着预定的方向努力，永远都是人们取得成功的秘诀之一。先思考、先准备、先运作、先下手，才能率先成功突围。

大四的毕业求职季从来都是一个风云迭起的时期，大家都在翻江倒海、各显神通，为的就是能够早一点签下一份满意的劳动合同。毕业求职季也从来不是一个临时抱佛脚的时期，大脑空空地进来，只能双手空空地离开；只有蓝图印于脑中，把握攥在手中的人，才能载誉而归。

可对于有些人来说，即便进入了角色，也依旧犹豫不决，总觉得自己的劲头使错了方向。

晶晶虽然马上就要大学毕业了，但还是浑浑噩噩的，一点人生规划都没有。当初，她听从父母的建议，考上了某师范大学，这样毕业后就直接进入中学任教。但是，晶晶自己没什么明确的想法，觉得先听父母的话，去试着做一做老师也不错。于是，晶晶带着这样的心态进入了当地的一所中学。结果，教书还不到两年，晶晶就厌烦了，她觉得当教师不是适合自己的工作，想换一个行业试试看。

于是，晶晶辞掉了工作，转行去做记者，可工作刚一年多，她就叫苦不迭，抱怨记者的工作风吹日晒、时间不定，实在受不了。所以，晶晶决定做杂志编辑试试看，这一试居然试了两年，但她还是很不满意。

后来，晶晶又认为应该试一试考研深造，这样就能有更多的选择机会。就这样，她又辞职开始在家考研，结果这次试验也是以失败告终，而且还连续失败了四次。

而现在，晶晶已经三十岁了，而立之年，她一事无成，因为她将长达十年的青春都用来做试验了。

我们在进入了角色前，如果好好筹划，认真地、庄重地依计划逐步努力推进，一段时间后，你就算未成大器，肯定也小有所成了，就算没有小有所成，也绝对不会一事无成！

所以，年轻的朋友们，还是做一个运筹帷幄、决胜千里的聪明人吧！我们早一点思考就业方向，就能早一点确定奋斗的方向，就能早一点认清所选行业的各种优劣，就能早一点权衡好所选行业的各种利弊，就能早一点下定决心、着手准备！

用对的方式去努力

一个人的成功离不开他的努力，但并不等于说只要努力就可以成功。有的时候，个人的努力如同驴转磨一般，看似很卖力，却只是原地打转儿。与其低头蛮干，不如抬头想想成功的方法。尤其是对寻求成功的人而言，生命和精力是有限的，找到对的方法，既可以节省大量的时间，又能提高成功的概率。如此看来，与努力相比，努力的方法似乎更应该得到人们的垂青。

一天，一位农场主到农场的谷仓去巡视，却不小心在那里弄丢了手表，谷仓太大了，他找了半天也没有找到。最后，他只好找来农场的小孩，允诺谁能找到手表，谁就可以获得500美元的奖赏。

在500美元的诱惑下，小孩们个个摩拳擦掌，都想找到那只名贵的手表。只不过，要想在谷粒成堆和稻草成垛的谷仓内找一只手表，实在是太难了。然而，敌不过金钱诱惑的他们，最终还是漫无目的地寻找起来。

忙了一整天，直到夕阳西下，手表还是没有找到，孩子们也一个一个回家去了。最后，只剩下一个小孩还在寻找，他期望自己能够在天黑前找到它，这样他就能获得那500美元了。他起初和其他小孩一样，这儿找一下，那儿翻一处。后来当其他小孩都离开时，安静的环境给了他启发：手表指针走动是有声音的，为什么不从“寻声”开始呢？

时间一点点过去，谷仓渐渐陷入黑暗，小孩害怕极了，可是他仍不肯放弃。突然，耳朵里传进嘀嗒、嘀嗒的声音，他循着声音一路找去，终于在谷仓的一角找到了手表。

著名的物理学家爱因斯坦有一个著名的公式：W=X+Y+Z。其中，“W”代表成功，“X”代表勤奋努力，“Z”代表节省时间，而“Y”就是方法。从这个公式可以得知：正确的方法是成功的三要素之一，少了它就意味着成功的分量少了三分之一。所以说，成功需要的不单单是努力，也不只是与花费的时间和精力成正比，方法同样重要。

方法是一个人智慧和价值观的体现，它能够帮助人们更高效地解决问题。很多时候，一个问题、一个方法，能够决定我们的成败得失。一个人只要不断地积累努力的经验，再稍加总结分析，他终究会有所收获。

▼

别围着“全世界”努力

阿里巴巴的创始人马云在经历了几次创业的磨砺后，终于踏上了光荣和梦想的理想之舟。阿里巴巴创立后的第四年，阿里巴巴的股东孙正义召集了他投资的所有公司的经营者开会，而在总结所有经营者的发言后，孙正义这样说道：马云是唯一一个三年前对他说什么，现在还是对他说什么的人。

2005年，马云在中国经济年度人物评选创新论坛上再次重申了阿里巴巴对专心致志地做好一件事的坚决态度。马云用他十年的创业经验告诉世人：阿里巴巴永远不能追求时尚，不能因为什么东西起来了就跟着起来，不能做着这个想着那个。

马云的一席话道理非常清楚，也非常浅显。的确，一个人可以同时做很多事情，但是只有在一段时间内只做一件事情才能将事情做好，而一辈子只要能做好一件事，那就是很了不起的。马云没有抓着各个方面都不放，而是专心地做一件事——电子商务，才让阿里巴巴获得了最终的辉煌。

在《管理的实践》一书中，管理学大师德鲁克说道：“大多数人即使专心致志地在同一时间内只做一件事，也不一定真能做好，如果在同一时间内做两件事，那就更不必说了。”

有一位小有名气的年轻画家，他曾经在国内外举办过多次画展，并且有过几次获奖的经历。一次，在朋友的聚会上，有人问他：“你这么年轻是如何取得这么多的成就的呢？”这位年轻的画家笑着给大家讲了他小时候发生的一件事情。

他自幼兴趣爱好就很广泛，每当他画画的时候，他就想去拉手风琴；每当他游泳时，他就想去打篮球。就这样，他样样都会，可是都不精通。所以他在同学中是公认的多才多艺，但是却没有一样才艺能取得第一，因此他总是闷闷不乐。

他的父亲得知他闷闷不乐的原因后并没有责骂他，吃过晚饭后，他的父亲拿来一个小漏斗和一把玉米粒放在桌子上。父亲跟他说：“现在，我们一起做一个实验。”父亲让他将双手放在漏斗下方，然后父亲将手中的一把玉米粒一粒粒地放到漏斗里，玉米粒顺着漏斗滑到了他的手里。之后，父亲又将他手中的玉米粒拿走，将一把玉米粒一下子放入了漏斗中，因为玉米粒太多，相互挤着，竟然一粒都没有顺着漏斗滑下来。

这时，父亲意味深长地说：“这个漏斗就如同一个人，如果这个人每次只专心做一件事情，那他就能完成并做好这件事，而如果这个人同时做很多事情，那么他一件事情也做不好。”

二十多年来，他一直记着父亲为他做的那个实验，他也渐渐养成了专心做一件事的好习惯，最终在绘画领域有了大家看到的成绩。

其实我们很多人做起事情来还跟这位画家小时候一样，总是试图一次做好几件事情，总是想着多做事情才能更快地走向成功。其实不然，成功人士总是一次专心做一件事，他们认为事情一件件地去做总比毫无头绪地同时做很多事更节省时间。因为一件件地做才能更专注，出错更少，效率也更高。

有这样一句话："一个人围着一件事转，最后全世界可能都围着你转；一个人围着全世界转，最后全世界可能都会抛弃你。"所以，别为很多事努力，每次只做一件事，只为一件事情去努力，这样你才会集中心智、全力以赴地将事情做好。

成功不会一蹴而就，付出了总会有结果。不要抱怨自己的效率低，细细数一下你手头正在做的事情有多少，重新将这些事情排序，一点点去努力，一件件地去完成，你一定会体会到每次努力做好一件事带给你的益处！

▼

走对努力的岔路口

从前，有一个小和尚跟着一个老和尚四处云游。一天，两人发现他们已经用光了身上的盘缠，于是小和尚便问老和尚如何是好。只见老和尚不慌不忙地在路边随手捡起一块石头，跟小和尚说："你拿这块石头到菜市场上去卖，记住，不管人们开价多少，都不要卖。"

小和尚将信将疑地走向了菜市场。很多人都感觉奇怪，这个小和尚居然拿着一块石头来卖，于是渐渐地人们将小和尚围了起来，并且有好奇的人开始出价要买下这块石头，因为他们认为事出反常必有妖。价格一路上涨，从最初的5元涨到了100元，小和尚一直都坚持没有卖，但是后来涨到200元的时候小和尚坐不住了，便去找到老和尚，问："师父，现在可以卖了吧？"老和尚摇摇头说："不卖，明天你拿着石头到黄金市场上去卖，还是像今天一样，给多少钱都别卖，记住了！"小和尚点点头。

翌日，小和尚来到了黄金市场，果然与昨天一样，好奇心驱使人们都来围观这个卖石头的小和尚。然而今天的出价从1000元一直飙升到1万元，这次他又找到老和尚，询问是不是可以把石头卖出去了。而老和尚再次摇着头，说明天去珠宝市场，并且依然按照这两天的套路进行，出多少钱都不卖。

第三天，小和尚乖乖地来到了珠宝市场，而今天好奇的围观者更多了，他们纷纷给出了自己的价格，从10万到100万。小和尚震惊得目瞪口呆了，他赶紧回去找到老和尚，对老和尚说："师父，这到底是怎么回事，明明就是再普通不过的一块石头，怎么有人出100万的价钱来买呢？"

老和尚笑着对他说："在菜市场上，这块石头最多只有上百元的价钱；在黄金市场，就值上万元了；在珠宝市场，则能值几十万到上百万。这是因为你给它定位成菜市场上的东西，它就会有菜市场上的价值；而定位成黄金，它就有黄金的价值；定位成珠宝，它就有珠宝的价值了。"

一块石头被定位在什么样的层次上，就会有什么样的参考价格。同理，我们在遇到努力的岔路口时，一定要按照原有的计划去走，或者重新作出更精确的判断，而不要图一时之快，走向了偏差的路口。

美国亚默尔公司创始人菲力普·亚默尔来自一个农民家庭，他对读书提不起兴趣，却想着能赚到钱。

亚默尔17岁那年的一天，加州传来了发现黄金的消息，他觉得这是一次绝佳的赚钱机会，于是便怀揣着黄金梦来加州淘金。到了那儿之后，他才感觉到采金不是一件容易的事，先不说竞争者如云，就连喝水都成了一个问题。亚默尔为了挣钱，与其他人一样努力地干活，每天挥汗如雨。

后来，缺水的问题日益严重。一天，亚默尔静静地想着，我来这里是为了淘金，而淘金是为了赚钱，可是淘金赚钱的不确定性太大，与其这样漫无目的地挖金子，倒不如找些水卖给这些淘金的人。

说干就干，他挖了一个水池，把河水引到水池里，再经过过滤，水就可以直接饮用了。他把这些水装在容器内，然后到工地上叫卖……这是一笔投资小、收益高的生意。在很短的时间里，他已经有了5000元的收入。

努力的路上会有岔路口，只要走对了岔路口，前面就会有成功的旗帜朝你挥手。所以，认清自己最初的梦想，不要在实现梦想的途中走上艰难的岔路，因为一点点的偏差就会让你今后的人生道路充满坎坷。

不懂得休息的人
不知道该如何努力

脑力劳动是以大脑持续而不间断地进行思维活动为主的一项劳动，长期从事脑力劳动的人其大脑往往持续保持紧张状态。持续的紧张状态会使人产生紧迫感、压力感和焦虑感，而这些都是影响你努力做事效率的关键因素，而且长期处于紧张状态，对人的身体健康也会产生潜移默化的影响。

1888年，美国第23届总统竞选当天，候选人本杰明·哈里森很平静地等待着最终的结果。因为哈里森的主要票仓在印第安纳州，而印第安纳州的竞选结果宣布时已是当天晚上11点了。

竞选结果出来后，哈里森的一个朋友给他打电话祝贺，却被告知哈里森早已上床睡觉了。

第二天上午，那位朋友询问哈里森为什么会睡得这么早。哈里森平静地解释道："熬夜等待也无法改变最终的结果。如果我当选，我前面的路会很难走，需要彻底放松，来迎接更大的挑战。所以不管怎么说，晚上尽早休息不失为明智的选择。"

努力做事会带来压力，好好休息才是明智的选择，哈里森明白这一点，所以他选择了在不需要努力的时间里适当放松，按时休息，这样他就能将心理的紧张降到最低，也能让自己在第二天保持足够的精力努力做事。

持续的努力状态会造成心理亚健康，而亚健康的状态已经成为现代都市人普遍存在的精神状态，而造成心理亚健康状态的一个重要原因就是不懂得放松，不懂得休息，不懂得如何让自己从紧张疲劳中解脱出来。

李明是网络游戏高手，当他还是一个幼儿园的小毛孩时，他就已经会对着电脑屏幕敲键盘了。自从上了小学，他从单机小游戏开始，一直挑战到大型网游，每当有新款网游发行，李明一定当仁不让，第一时间亲身体验。

一晃十数年过去了，现在的李明已经参加工作两年了，每天还是游戏不离手，一说起游戏来头头是道，很多还在上学的学生对游戏的了解竟然还没有他多。那么，是他将工作时间都用来玩游戏了吗？当然不是，李明工作认真，业绩出色，是公司的业务骨干。

他的同事对此非常不解，向他讨教秘诀，他说：“很简单，上班时间努力工作，休息时间努力玩游戏，工作虽然忙，但还是有空闲的，今时不如往日，现在只能抽空玩一玩了。”

抽空玩游戏就是李明的一种休息、放松的方式。对于持续处于紧张状态的人来说，一定要注意适时放松，培养业余爱好。一定的兴趣爱好可以增加一个人的活力和情趣，使其生活更加充实，丰富多彩。

有研究机构通过实验总结出，一个成年人能集中精力去做事情的时间只有15分钟，如果强迫自己的话，时间或许会长一些，但如果中途休息，做一些别的事情换换脑子，就可以继续集中精力去做事。所以说，不懂得休息的人注定不知道该如何去努力。

休息时间多出去散散步，周末和节假日到郊外旅旅游，对于我们消除疲劳和压力很有益处。同时要学会科学减压，比如运动就是个不错的选择，它既是一个很好的排毒活动，又可以将人的负面情绪排解出来。而适当的放松后，做事的效率会显而易见地有所提高。

每个人都想要以最充沛的精力努力前进，所以我们必须学会自我心理调适，适当休息，减轻心理压力，缓解身心疲劳，而不是将所有的时间都用在努力做一件事情上。

02

Zhaozhun Fangxiang
Qianlu Bu Mimang

找准方向，前路不迷茫

▼

世界会给
知道自己要去哪里的人让路

“世界会给知道自己要去哪里的人让路”，方向一旦明确了，人的潜能才会被激发出来。而明确的方向是一个量化的目标，目标只有量化了我们才能更好地去努力。有人说自己的目标是“要变得有钱”，“有钱”是一个方向，但这个目标依旧虚无缥缈，如果用“我要在40岁有一栋别墅，并且开上奔驰越野车”来代替，那这个目标就明确了，也更具备可操作性。

目标的方向明确了，也要看事情是否超出了我们的能力范围，而不是想当然地给自己“画大饼”“放卫星”。例如，一家规模中等的公司把“全国500强”作为目标的可行性要比“世界500强”高很多。

就好似一个只认死理儿的高三学生强迫自己一定要考上重点大学！为了能够做到这件事，他拼命地上补习班、提高班，请了无数的家教老师为自己补课。语文、数学、英语，一直到各门副科，他把高考涉及的学科补习了一圈，可谓竭尽全力、拼死奋斗。其实，这个孩子应该知道自己读书天分不高，也非常清楚自己厌烦读书至极。但是，他却努力错了方向，一心执着于考上重点大学，为此不懈地努力，失败，再努力，再失败，再努力……

做不到就是做不到，再强求也没有任何意义！面对自己绝对做不到的事情，一定要果断放弃，重新调整目标的方向，不要浪费自己的时间、精力，不要让自己原本该明亮的青春堕入黑暗。

鲁宁在大学期间学习的是食品专业，这是个专业性比较强的学科，毕业后他理所当然地进入食品公司工作。但是鲁宁并不这么想，他觉得食品公司的待遇不是很好，他要找一份高薪工作。既然当初进大学时没选对专业，那现在自己一定要选一个有发展的朝阳行业。

鲁宁看到大量的网络公司兴起，招聘信息铺天盖地，待遇相对普通公司也很有优势，他就心动了。起初，他只是抱着试试的态度去应聘了一家公司，没想到很容易就被录取了，而且工资比在食品公司的工资足足高了1000元钱。

较高待遇的诱惑，让鲁宁觉得自己赢在了起跑线上，他毅然决然地放弃了自己的专业，投入到这个自己基本一无所知的行业。

起初，鲁宁想着虽然这里是网络公司，但是自己从事的是销售工作，各行业的销售技能应该是相通的，只要自己略学一些相关的知识，其他的完全可以边做边学。然而，事实并不如他所愿，隔行如隔山，尽管网络这一行业有着巨大的发展前景，但是竞争也相当激烈，因为这一行业属于朝阳行业，所以越来越多的人争相加入。鲁宁还没有度过自己的适应期，就被这一波波的竞争冲击得昏头涨脑，所以鲁宁的这份工作做得始终不是很顺利。两年下来，他的待遇非但没有预期中的提升，反而有些缩水，原本的雄心壮志也早就被磨灭了。

随着大形势的发展和网络公司的大量兴起，行业内的饱和状态导致了大批中小公司倒闭或裁员，而鲁宁因为业绩平平，也被列入裁员名单中。

失业的鲁宁承受着巨大的压力，他不得不重新寻找食品行业的工作，他没有为自己制订任何计划，而是随意选择了一家最早同意自己入职的中等规模的民营食品公司，然后就在这家民营公司工作了近三年。民营公司的业务范围比较窄，鲁宁对公司一直不满意，此后他便开始频繁地更换工作，但是总是因为种种不满意而无法长期在一家公司任职。

而与此同时，和鲁宁一起毕业的同学已经是一家食品公司的大区经理了，而鲁宁却依旧在为寻找合适的工作重复着一次次的面试。

鲁宁毕业初期对自己的工作前景一片茫然，他并没有考虑自己未来的职业规划，只想到了眼前的待遇，只看到了收入的差距。所以在经过一系列的波折后，他又回到了工作的起点。其实鲁宁如果在毕业之前就计划好进网络公司，提前学习一些基础知识，或许他的路走起来会更顺利一些。

成功的人之所以成功，就在于他们都善于把握努力的方向，无论他们做什么，都是在向着目标方向努力。而大多数匆匆赶路的人，根本不考虑方向问题，难免会去一些根本不值得去的地方。没了方向，努力便失去了意义。所以，不要羡慕别人的成功了，回头看看自己走过的路，看看自己是不是总在不经意间偏离了目标轨道，找准方向再努力吧！

▼

太高的目标
只能让人遥望

在很长的一段时间内，居住在喜马拉雅山脚下的民众，望着眼前高耸入云的山，想必很少会有爬上去的冲动。因为，山很可能连着天，上天保佑，谁能爬到天上去?

后来，科技发展了，人们才知道，原来山跟天没有必然的联系，于是，人们开始豪情万丈，发誓要征服珠穆朗玛峰的人前赴后继，但实现者凤毛麟角。

大多数人不是凤毛，也非麟角，所以，我们不要去攀登珠穆朗玛峰，而是去爬一座符合我们能力的山峰就好了。

《中国合伙人》讲述了一个搏击人生的故事。孟晓俊非常自信，他在刚入学的时候就对同学成东青说："你周围的人只有一个目标，那就是美国。"他毫不掩饰自己的美国梦，他努力着，他要去美国留学，他要在美国扎根，他要在美国发光发热，甚至，如果不是因为他没有出生在美国，他都想当美国总统。于是，他豪情万丈地去了美国。

结果现实与他当初的计划差得太远，他只能承认，当初的目标无法实现，他甚至连遥望的勇气都失去了。最后，他沮丧地回到国内，发现他的同学成东青和王阳由底层做起，一步一步，发展得风生水起，于是，他重新调整的目标终于接了地气，他也由此真正开始了人生。

豪情壮志是努力成就人生的积极因素，但我们要将豪情壮志控制在可实现的范围内，让那些原本积极的人生状态不会因为飘得太高，而被寒风冻结。人生计划终究是用来实践的，是需要经过实践才能被证明是正确的东西，所以，与其老是想着在天上飘着，惦记着一步登天，还不如走在地上踏实。

人生如登峰，我们也不能忽视另一种情况，那就是参照高不可攀的目标，脚踏实地地行走。这并不矛盾，也就是说，你可以给自己定一个很高的目标，也可以锲而不舍地向着这个目标前进，但是，你不一定非要纠结于非得实现这个目标，在努力实现目标的过程中，你会发现，你已经在不知不觉间达到一个很高的成就了。这个时候，你只需要适时地放弃原先那个目标，也就做到不枉此生了。

▼

有阶段性的计划，才足以支撑梦想

人生不能一蹴而就，计划也得一步一步完成，再宏远的目标也需要分成若干个小的阶段目标，只有每一个小目标完成了，才能完成最后的终极目标，不然会因为目标太远而迷失方向。

1984年的国际马拉松邀请赛在东京举行，这一届比赛上获得冠军的人可以称得上国际长跑界的一匹“黑马”，他就是原本默默无闻的日本选手山田本一。虽说山田本一作为东道主选手有些主场优势，但是这样的结果仍然大大地出乎人们的预料。而山田本一对于自己夺金的解释同样让人大感意外，他表示自己是依靠智慧战胜了所有实力高强的竞争对手。

很多人对这个解释都感到莫名其妙，因为马拉松比赛考验的是选手的体能和耐力，似乎对于战术的运用和智慧的比拼并没有太多的要求。大家都认为这只不过是他在故弄玄虚，而这次的夺冠也只是因为他运气好罢了。

但是两年以后的意大利米兰国际马拉松邀请赛上，山田本一又一次用冠军证明了自己的实力。

这次面对记者提问的山田本一道出的成功“秘诀”，依然还是“用智慧战胜对手”。这个回答让所有人都大跌眼镜，并且很多媒体都因此对他产生了极大的兴趣，认为山田本一绝对有其他的秘密，因此才能蝉联两届冠军。

直到1996年，早已从日本国家队退役的山田本一在自传中这样写道：“在每次比赛之前，我都会乘车沿着比赛的线路走一遍，并仔细将沿途的标志记下来，比如第一个标志是银行，第二个标志是一棵非常高的大树，第三个标志是一栋红色的房子……就这样直到终点。而在正式比赛的时候，一开始我就以第一个标志为目标，用百米冲刺的速度直奔而去，然后就是第二个目标。马拉松一共40多公里的赛程，就这样被我分解为几个小目标，而且都比较轻松地完成了。最初我不知道这样的道理，上来就将目标定位在最后的终点线上，但是结果没跑到一半我就感觉非常疲惫了，我其实是被前面那段遥远的路程给吓到了。”

山田本一说的话非常正确，只要将这个大目标分成若干个阶段性的小目标，我们就会更容易接近成功，不至于因目标过大而失去信心，并中途放弃。我们当然会实现最初的梦想，但这是一个阶段性过程，只有从眼前的现实着手，一步一步完成阶段性计划，才能实现最终的人生计划。

但是即便是阶段性的目标，也会在进行中困难重重。当你为自己设定了目标后，不要被眼前的困难打倒，困难越大，你就越应该勇敢面对、坦然接受并且突破困难。否则，困难会被你在无形中放大，让你的目标失去阶段性的意义。

乔・吉拉德，1928年11月1日出生于美国底特律市的一个贫民家庭。35岁以前，乔・吉拉德是个全盘的失败者，他患有相当严重的口吃，换过40个工作仍一事无成，甚至曾经当过小偷，开过赌场。35岁那年，乔・吉拉德破产了，负债高达6万美元。

为了生存下去，他走进了一家汽车经销店，3年之后，乔・吉拉德以年销售1425辆汽车的成绩，打破了汽车销售的吉尼斯世界纪录。他连续12年荣登世界吉尼斯纪录大全世界销售第一的宝座，他所保持的世界汽车销售纪录——连续12年平均每天销售6辆车，至今无人能破。最多时一天销售18辆车，一个月174辆，一年1425辆车，而且全部是一对一销售给个人的。乔吉拉德是全球单日、单月、单年度以及销售汽车总量的纪录保持者，同时获得了“世界上最伟大的推销员”的称号。

在15年的销售生涯中，业绩突出的乔・吉拉德有很多跳槽、升迁的机会，但是他总是拒绝，他名片上的头衔始终是“销售员”。乔·吉拉德选择当一辈子的销售员，不是不在乎头衔，而是更在乎销售这份工作，因此他能每天持续在第一线从事推销工作，享受每一次成交所带来的快感。他兴奋地指出：“今天我卖出6辆，明天我就渴望成交10辆！我感觉每成交一次，其实都像是得到了一次升迁！”

乔·吉拉德的销售生涯正是“将目标阶段化而获得成功”的体现。他在每一次成功之后，都为自己定好下一个目标，然后为这个目标全力以赴。在这个过程中，乔·吉拉德遇到的困难越大，他的成功就越大。

其实，世界上所有人的成功都是通过自己的努力而获得的。没有付出，怎么会有收获？只有不停地给自己树立更高更远的目标，不断为了实现目标而努力，最后你才能看到成功，实现自己的理想。

人在为实现目标而努力的过程中，最容易产生强大的爆发力，进而激发自身的潜能，获取非凡的成就。明确的目标能让人坚定必胜的决心，能够最大限度地激发人的潜能，能够唤醒人们心中沉睡的巨人。因此，我们一定要为自己设立一个非常远大的目标，并将其阶段化，这样你一定会不断地跨越一道道障碍，不断地去努力、去成功。

▼

事情要一件件来，拣重要的先做

对着电脑，一手敲着键盘，另一手拿着手机看微信，嘴里吃着泡面，身体还坐在瑜伽球上晃来晃去。电脑屏幕上，一边挂着QQ，一边在网店上逛来逛去，同时聊着阿里旺旺，还不时上网查着资料，间歇看看视频，偶有心得时，再写上几笔。这只是年轻人平时宅在家里时的小小一幕。在今天这个时代，大部分的年轻人都是这样做的。

这是因为年轻人精力充沛，能够同时驾驭好几件事情吗？不是的！这是一种极大的误解。大部分这样做的人，都是因为他们并没有认真在做任何事，或者说他们比较迷茫，不知道该先做好什么，不知道自己的目标是什么。

小清马上就要大学毕业了，在即将步入社会的最后时刻，她除了准备毕业论文，投简历找工作外，总觉得自己还应该做很多事情。小清找到了比自己早几届的学长，跟他们聊过后，小清觉得即便自己日后工作了，也不能放弃英语学习，因为好几个学长都跟她强调了学好一门外语的重要性。于是在研究了几天后，她给自己报了一个商务英语班，专攻一下商务英语。

英语课刚上了两节，小清就有了新的想法，她觉得现在学英语的人太多了，自己光会一门英语已经不算是优势了，应该再学一门小语种。不得不说，小清的想法很正确，可是她选择的时间并不明智。于是，本来就很忙碌的小清又少了半天的休息时间，因为她又给自己报了一门日语课。

很幸运，小清找到了一份还不错的工作，可是工作后，小清发现自己太忙了，她周末要拿出来一整天的时间去上英语课和日语课。英语还好，大学期间一直没有落下，而日语完全是门新课程，对于忙碌的小清而言实在是非常吃力。

可是小清完全没有意识到自己的问题所在，她只是觉得可能刚工作的缘故，自己会慢慢适应这个节奏的。

小清工作的公司距离小清的家很远，小清要每天起早贪黑挤公交，非常辛苦。小清算了算时间，觉得如果自己开车上下班的话路上会节约不少时间，周末去上语言课的话也会轻松不少。于是小清急忙找了一家驾校报了名。

就这样，英语还没学完，小清就又报了日语班，日语也还没学两天，就又报名去学车。结果，小清根本无法很好地调配时间，最终哪一样都没学好。

每个人的每一天都不会只有一件事情等待处理，当各种事情纷至沓来时，我们该如何安排做事的顺序呢？这时你需要考虑的不再是事情的难易程度，而是要根据事情的重要程度来安排。只有分清了事情的主次，才能把各种事情按部就班地完成。

美国伯利恒钢铁公司总裁查理斯·舒瓦普曾经只经营着一家不为人知的小钢铁公司。他总是感觉自己公司的各项事务铺天盖地而来，每天忙忙碌碌却总是有着做不完的事情。因此，他前去向效率专家艾维·利请教。艾维·利听完舒瓦普的陈述后，递给他一张白纸，要求他在这张纸上写出自己明天必须要处理的6件最重要的事情，舒瓦普想了想，写了出来。

艾维·利没有看舒瓦普写了什么，而是继续让他用数字标明那6件事情对于舒瓦普及他的公司重要性的次序。舒瓦普仔细琢磨后，标注了事情的顺序。然后艾维·利说：“可以了，将这张纸放进口袋，明天一早，按照你标注的顺序着手去办第一件事，直到结束为止，再开始第二件事、第三件事……直到你下班为止。如果你只处理了其中一部分事情，那也不要紧，继续列出必须处理的6件事情，第二天继续一件件完成。”艾维·利在舒瓦普要离开前说：“每一天都要这样做，当你对这个方法深信不疑后，让你公司的其他人也这样做。”

一个月之后，舒瓦普给艾维·利寄去一封信，信上充满了感激之情，舒瓦普说，这节课是他一生中最有价值的一课。

因为舒瓦普及其员工养成了先做重要事情的习惯，舒瓦普的小钢铁厂在五年时间内一跃成为世界上最大的独立钢铁厂。

每个人的能力和精力都是有限的，当几件事情同时压到你身上时，你不可能同时将其解决，你首先要做的就是将事情分出主次，先做重要的事。无论做什么事情都是需要章法的，不能“眉毛胡子一把抓”，有的人认为只要一件件去做就可以了，所以他们会先做简单的、容易处理的事情，然后毫无后顾之忧地去处理那些比较难的问题，可是，当你努力处理好一堆简单的琐事后，你会发现，更多亟待你去处理的琐事又出现了，而如果你一直处理琐事，那你就没有时间去处理那个你留到最后的大难题了。

努力却总是毫无成效的人比比皆是，这正是因为他们分不清主次轻重，捡了芝麻丢了西瓜，小事情干得多却没有大成效，而真正体现他们能力的重要大事却被他们忽视。作为一个努力的人，你是否也遇到了这样的现象？如果是，那么停下你手头正处理的事情，反思一下，哪件事才是最重要的，然后将最重要的事做好，再开始后续的事情，这样，我们才能保证最大限度地去努力，也会让自己的努力不白费。

忽略生命中对你不重要的事物

一个叫杰克的年轻人，他父亲开了一家洗衣店，并且希望杰克以后能够继承他的事业，也做一个洗衣店的老板，于是在杰克大学毕业之后，他便让杰克来自己的洗衣店工作。可是杰克对于洗衣店的工作没有丝毫兴趣，而且也不擅长这方面的工作。久而久之，杰克变得很消沉，整天无精打采地上班，做事情也不求上进，一点也没有他这个年龄段应有的热情和干劲。他父亲看在眼里，愁在心上，但却束手无策。

终于有一天，杰克再也忍受不下去了，他告诉自己的父亲，他觉得能否继承这家洗衣店对他来说并不重要，他目前觉得最重要的是去做一份自己喜欢的工作。杰克毅然决然地去了一家制造发动机的工厂上班。

杰克的父亲对此非常不解，他觉得杰克这样做等于放弃了已经拥有的非常好的一份事业，去工厂上班意味着一切都得从头开始。但是杰克没有跟父亲争执，他毅然决然地进了那家工厂，每天身穿满是油渍的工作服，并且还要做一些重活，长时间在车间里工作。而杰克对此不以为然，相反他还天天吹着口哨，看上去乐此不疲的样子。

令人觉得神奇的是，杰克很快就找到了工作的诀窍，开始在这家工厂里崭露头角，并最终成了这家工厂的厂长。

当你找不到喜欢的事情做的时候，不妨先找一些顺手的事情做。而这些顺手的事情里或许就有你最擅长或者最喜欢做的事情，将精力投入到这些事情中，你才会从中获得做事的激情和动力，并且找到未来的方向。

杰克在意识到自己对洗衣店的工作根本没兴趣时，一定也迷茫过，但是他做的最不令自己后悔的决定是去尝试做其他事情，从而找到了自己喜欢的事情。

别人成功的道路看似非常可行，并且也有现成的经验作为参考，但是这种看起来很美好的远大前程，可能并不适合所有人。世界著名的男高音歌唱家帕瓦罗蒂，他注定只能成为一个优秀的音乐家，却成不了一个出色的商人或者律师；南唐后主李煜虽说做皇帝相当失败，但是作为一个文人却是非常成功的。每个人都有自己擅长的事情，可能源于天赋，也可能源于自身的爱好。所以，忽略那些不重要的事情，去寻找自己擅长的事情，挖掘出自己的强项，这样的人生之路才不会迷茫。

与其抱怨，不如向目标靠拢

“工资那么低，工作倒是不少，凭什么啊？”

“只要对得起我的薪水就足够了，多一点儿的活我都不会干。”

“每天累死累活还要加班，有完没完了？”

“交给我的工作根本就没有办法完成嘛，材料都不充分。”

类似的话经常会出现在我们的耳边，有一些甚至就出自我们的口中。这些抱怨的话虽然听起来很平常，但是却代表着一种态度，这种消极的态度使我们每个人都站在天堂和地狱之间的岔路口，迷茫不已。

小孟和小钟是同一家公司的员工，不同的是，小孟是一个新员工，而小钟则早来了一年。

一天，小孟对小钟说：“我决定辞职不干了。这是什么破地方啊，经理总是针对我，我简直恨透了这家公司！”小钟对他说：“我也是这么认为的。我觉得你应该报复一下这家公司，但是现在辞职却不是一个最好的时机。如果你再等等，就能够起到报复的效果了。”

“这话怎么讲？”小孟问道。小钟解释说：“你要是现在就离开的话，对公司可以说造不成任何的影响。但如果你要是继续在这里干下去，等以后手里有很多大客户了再离开公司，顺手也把客户都带走，那岂不是报了今天的一箭之仇，让公司蒙受巨大的损失了？”

听了小钟的分析之后，小孟觉得非常有理，于是便放弃了辞职的心思，开始努力地工作起来。

半年过后，小孟真的做到了小钟当初所说的那种境界，手中拥有一些很忠实的大客户。这时，小钟与小孟再次说到半年前的那个话题。“现在时机已经成熟了，你完全可以立即辞职，跳槽就要趁现在。”小钟对小孟建议道。小孟听了，摇摇头笑着说：“我已经改变主意了。经理前两天还找过我谈话，说准备升我当总经理助理，我暂时是不会离开这家公司的。”

小钟会心地一笑，拍了拍小孟的肩膀，因为这就是当初他对小孟说那些话的目的。

小孟最初的遭遇很多人都遇到过，很多人在遇到这样的情况时都会抱怨，会终日生活在愁云惨雾当中，万事都不如意。可是这个世界就是充满了不公平，我们在只是一棵小草时不要将时间放在抱怨上，要努力生长，等到我们从一棵嫩芽长成一株参天巨树的时候就会发现，当初的那些抱怨是多么幼稚可笑。

小陈是某公司的秘书，他平日做事很认真，头脑也灵活，但是一直以来都只是个普通的小秘书，工作三年也没有得到提升。小陈身边的同事没少为他抱怨，但小陈从不抱怨，反倒非常认真地工作，并努力总结一些工作窍门。因为秘书的工作繁杂，所以小陈每每接到上司的指示后，都会将其记录在自己随身携带的工作笔记上，另外，公司内部的一些重要数据以及一些必要的联系方式，小陈都在工作笔记的附录中逐步更新。因为他知道秘书会时刻面临着老总的提问，他必须牢记公司的任何变化。

一次，公司召开全体会议，公司老总在做总结报告时临时提到了公司的某项业务，而该业务中的两个数据他没有记住，便随口问了身边的几位助理。几个人报出来的数据相差甚远，会议因为这个数据问题而出现了短暂的中断。

正在一位助理准备去查看相关数据时，小陈拿出自己的工作笔记，向老总报出了他所需要的准确数据，老总赞赏地看了小陈一眼，其他员工也不约而同地向小陈投去佩服的目光。

小陈并没有比别人出色多少，但是他不抱怨，努力提升自己的行为让他最终获得了老总的青睐，他很看得清自己努力的方向，将每一项工作都看得很重要，明白怎么努力才能事半功倍。

心态是世界上最神奇的力量，带着希望和目标的积极心态能将人提升到更高的境界，而带着失望和迷茫的消极心态会毁灭一个人。或许你确实在努力，但是你是否也同时在抱怨呢？与其抱怨不如行动起来，这个世界是要凭借实力说话的，行动才是第一位。在想要抱怨的时候，请你试着选择沉默，找准方向，用行动来证明自己的能力。

03

Quanshijie Douhui
Weini De Mengxiang
Ranglu

全世界都会
为你的梦想让路

▼

梦想有多大，舞台就有多大

有一匹骨瘦如柴的老马正在路边喝水，这时，一匹膘肥体壮的野马飞快地从老马的身前跑过，这让有些老眼昏花的老马吓了一跳。目送着那个身影渐渐远去，老马念叨着："那是什么东西啊？跑得可真快！"

站在路边树枝上的一只喜鹊听到老马的话，叽叽喳喳地笑了起来。

老马怒视着喜鹊，说："你笑什么啊？难道你没看见刚才那个东西跑得飞快吗？"

喜鹊笑着说："那就是一匹野马啊，跟你一样，都是马。"

老马不信地摇摇头，说道："不可能，怎么能是一匹马呢？我就是年轻的时候都没有跑那么快过，你绝对是在骗我。"

喜鹊飞到老马的身前，问道："你年轻的时候都干了些什么啊？"

老马回忆着说："我那个时候通常都是在给主人运送货物，没事的时候便在马厩里吃草或者睡觉，最幸福的时候就是到农场边的水塘里痛快地洗个澡了……”

喜鹊听了，对老马说道：“你是被圈养起来的驮马，而刚才那个是一匹自由自在的野马；你的世界就在那狭窄的道路和阴暗的马厩里，而野马的世界则在辽阔的天地之间。你当然是无法感受到野马的速度和自在啦。”

被锁在笼子里的鸟儿永远都无法感受什么叫大地的广袤无垠，什么叫海洋的浩瀚无际，什么叫天空的高不可攀。总是待在屋子里的人，永远无法知道窗外的世界有多么精彩。一个人心有多大，他的舞台就有多大，没有人能够阻挡得了努力探寻的脚步，能够局限我们步伐的，只能是我们自己的心。

亨利·福特小的时候在父亲的农场里帮忙干活，在他12岁的时候，每天他的脑子里总是在设想着用一种能够自由行走的机器来代替农场里的牲畜和人力。但是父亲和周围的人都对他的这种想法嗤之以鼻，认为他还是安下心来做好农场的助手就可以了。

而福特依然觉得机械设计才是属于自己的世界，于是他一直为自己的梦想努力着，他用一年的时间完成了通常要用三年才能完成的机械师培训课程，并用两年的时间研究蒸汽机的原理，想要借此来实现自己的梦想。

可是理想是丰满的，现实却是骨感的。福特并没有获得成功。但是他没有放弃，而是继续研究机械理论，随后他在汽油机方面寻找到了新的出路。福特的梦想是制造出一部汽车，这个想法被当时最著名的发明家爱迪生所赏识，爱迪生邀请福特到底特律的公司去担任工程师。

又经过10年的努力探索，福特成功地制造出了世界上第一部私人汽车。1913年，福特创立了世界上第一条汽车生产流水线。至今，其创立的福特汽车公司仍然是世界最大的汽车制造企业之一。

梦想就像是一条彩虹桥，只有相信它存在的人才能一路踩着这座桥到达彼岸。能否拿到彩虹尽头的宝藏，全看我们是否坚定追求我们的梦想。福特正是因为非常笃定地追寻自己的梦想，才不惧困难和阻挠，一直努力奋斗着。

或许我们的一生不会那样波澜壮阔，但这丝毫不会妨碍我们努力寻找自己的梦想，每个人都有为梦想努力的权利，只有心中向往蓝天的鸟儿才能高飞，只有内心宽广的人才能拥有更加广阔的舞台，只有为梦想努力的人才会让全世界为他让路。

▼

梦想没有对与错，只有是否坚持

对与错是一个判断是非的标准，它不能被原封不动地移植到对梦想的价值评判上。我们可以说梦想实在太过平凡，或者说梦想实在太过邈远，但梦想实现的难度与对错无关。无论梦想上天入地，还是梦想做一个普普通通的平凡人，这都与对错无关。

曾经有一个贫穷的小男孩，他在老师布置的周记当中写下了这样一段话：我梦想着长大后能够拥有一座巨大的农场，我要在农场中间盖一座又大又漂亮的房子，我还要在农场里养上很多牛，很多羊，再养一只牧羊犬看着它们。

当老师看到这篇周记之后，对小男孩说："你的梦想太不现实了，这是不对的，我要求你重写一篇。"

小男孩沮丧地回到家中，他的父亲问清了原因之后，对他说道："儿子，如果你也认同老师的话，那么我建议你重写一篇，但我要告诉你，只有你坚持了，梦想才是梦想。"

小男孩最终没有重写。二十年后，小男孩已经成为一个大农场主，坐拥的农场田连阡陌、牛羊成群，他的房子在农场的正中间，宽敞明亮、温馨舒适。

因为梦想着富裕生活的是一个贫穷的小男孩，这就是错的吗？因为有这样的差距存在，就是不对的吗？梦想就是上天赋予每个人期待美好事物、努力追求美好事物的权利，它是自由的、独立的。

说到对梦想的坚持，让人不由想起一个老故事。在四川偏远的地方有两个和尚，一个很贫穷，一个很富有。一天，穷和尚对富和尚说："我想去南海，你觉得如何？"富和尚问："你靠什么到达南海呢？那里离这儿太远了。"穷和尚答道："我只靠一个水瓶和一个饭碗就能到达南海。"富和尚说："我很久以前就想去南海，本来想要雇船前行，但到现在依然没有成功。你靠这么简单的两样东西就想去南海，真是自不量力啊！"

第二年，穷和尚已经从南海回来了。他找到了富和尚，并告诉了他自己到达南海的事情。富和尚听了以后，感觉很惭愧。

两个和尚都有共同的梦想，就是去南海，可是最终只有穷和尚实现了梦想。富和尚空有梦想，虽拥有足够的钱财，但最终依然没能成行，关键就在于他觉得自己的梦想不一定正确，只敢心怀梦想，却不敢去行动。

当然，也不是所有的人都像富和尚那样一直在准备，一直不敢去追求梦想，只是有些人在追求梦想的过程中会突然对自己的行为产生怀疑，或者对自己能否最终实现梦想产生怀疑。有人会觉得我已经走在了追求梦想的路上，可是我真的应该这么做吗？我是不是太冲动了？现在大家都怎么看我呢？会不会觉得我不自量力？慢慢地，这些想法会让人的行动迟缓起来，让人的心理变得极度敏感和脆弱。当这样的想法逐渐占据上风后，那么事情最终很可能以半途而废收场。

小张与小林是同一家保险公司的新进职员，两人都志向高远，憧憬着自己能在这一行业中做出一番成绩。

到公司报到的第一天，他们各自从公司那里得到了一张名单，主管告诉他们，这些都是已经铺垫好的客户，让他们继续跟进，签下合约就行。于是，小张和小林就开始按照名单上的客户，逐一联络沟通。但是，这不是一件容易的事，客户们似乎很难缠，一个月下来，两人一无所获。小林坚持不下去了，他此前的梦想早已在无数次的失败中磨灭了，于是小林选择了放弃。

但是，小张不这么想，他认为自己的梦想不可能在短时间内实现，但是如果自己不坚持下去，不积累一点经验，那么他永远也实现不了梦想。所以他没有就此放弃，他重新捋了一遍名单，再联想到自己这一个月来的经历，感觉其中一位大学教授应该是可以被攻克的。于是，他就集中力量，盯住这位教授。一次、两次、三次，小张与这位教授碰面共计八次，但是都没有说服教授。但是，小张还是没有放弃，一天晚上，他振作精神，第九次敲开了教授家的大门。这一次，小张成功地签下了合约。

一般来说，人们在追求梦想的过程中很容易心浮气躁、情绪波动，特别是在事情不太顺利的时候，很容易因把握不好分寸而产生放弃的想法。所以，我们一旦坚定了梦想，就不要总是去考虑梦想的对与错，梦想没有什么对与错，关键在于你是否能坚持下去。你的每一次情绪起伏，都需要你将自己稳住，逐渐认清事实，做出客观的判断，依靠坚定的毅力，执着地向最终的梦想努力。

现实中，总有人喜欢对别人的梦想指指点点，以裁决者的姿态随意批评别人的梦想，对此，我们一定要坚持自我，坚持自己的梦想，要坚信梦想没有对错，所谓对错只是别人刻意加上去的一重枷锁，而你的不懈坚持会令你的梦想冲破一切束缚，实现梦想最完美的蜕变。

▼

梦想要成真，先要落在纸上

“梦想无论怎样模糊，总潜伏在我们心底，使我们的心境永远得不到宁静，直到这些梦想成为事实。”徒有梦想却不敢将梦想写出来，不敢为之去努力的话，它只会蜷缩在我们的内心深处。

在美国西部的一处乡村，有一个喜欢盯着地图看的小男孩。他的视线在地图上流连时，目光所及之处都闪映着旖旎迷人的景致。于是，他开始想象着自己在尼罗河上漂流，在亚马孙热带雨林中穿行，攀登乞力马扎罗山的顶峰，追寻古代征服者的胜利印记……

后来，男孩子将自己平时的梦想都写在了一张纸上：我要到尼罗河流域、亚马孙河流域和刚果河流域探险；征服珠穆朗玛峰和乞力马扎罗山；骑着大象、骆驼和野马驰骋；重走一遍马可·波罗和亚历山大走过的路；自导自演一部像《人猿泰山》一样的电影；亲自驾驶飞行器；将莎士比亚、柏拉图、亚里士多德等人的著作读完；写一本书；谱出一部乐曲；申请属于自己的发明专利；筹集100万美元救助非洲的孩子……

再后来，男孩子拿着这张列了多达127项梦想的清单，开始了自己注定波澜壮阔的人生之路。这条道路艰险异常、困难重重，但他手上握有的这张名为《一生的梦想》的薄纸，给了他最强有力的支持。最终，历经44年沧桑，这张清单上的大多数梦想被实现，而男孩子也最终成为20世纪最负盛名的探险家，他的名字叫约翰·戈达德。

如果梦想永远停留在梦的阶段，它就只能是遥不可及、虚幻缥缈的梦，如果我们能够将其沉淀下来，它就有了可以依托的载体，成了可以触摸的现实。所以，为了能够抓住梦想、实现梦想，我们就先要将梦想明明确确、实实在在地写下来。

不要羞于书写自己的梦想，大胆书写自己的梦想，因为那是写给自己的信条，而不是写给他人的戏码。

无论梦想何其大，梦想何其多，它都是只属于我们自己的人生愿景，都承载着只属于我们的殷殷情感。所以，将梦想大胆地写下来！勾勒梦想的笔触越清晰明确，梦想就越真实可靠。

自我激励，强化自己对梦想的渴望

很多时候，很多事情，我们不是做不到，而是不敢去做，不是想不到，而是不敢去想。要知道，每个人的体内都潜藏着巨大的能力，只是需要在某一特定场合，因为某一特殊原因而被引爆，人的这种强大的能量就是自我激励的能量。人们只要想着成功，成功的景象就会出现在心中。明白了这一点，我们就应该知道，实现梦想其实并不像想象中那么难，我们要想成功需要更多的是一种对自己的激励，是一种强化自己成功的意识，而这也正是很多人所缺少的。

英国著名的女作家夏洛蒂在很小的时候就认定自己将来会成为一位伟大的作家。在中学毕业后，夏洛蒂开始向着成为伟大作家的道路前进，但是她的这一信念并没有得到所有人的支持，当她向自己的父亲说出这一想法时，她的父亲说："写作这条路非常难走，你还是安心教书吧。"

夏洛蒂并没有因为父亲的话而放弃自己的信念。她给当时的桂冠诗人罗伯特·骚塞写去一封信，她日日夜夜期待着回信。可是两个多月后，夏洛蒂收到了这样的回信：“文学领域有着很大的风险，你总是习惯性地遐想，这一领域会让你思绪混乱，所以成为作家对你来说并不合适。”

面对这样的打击，夏洛蒂依旧没有灰心，她坚信自己具有文学方面的才华，所以，不管有多少人在文坛上挣扎着，她相信自己一定能够脱颖而出。她相信自己的作品一定能够出版。终于，她先后出版了长篇小说《教师》《简·爱》，成了世人公认的作家。

从夏洛蒂的成功，我们可以看出自我强化成功意识的重要性。关于这一点，心理学明确指出：自我强化成功意识是人在心理上产生的一种积极向上、超越自我的心理历程，可以使人更加相信自己会成功，从而将自身蕴藏的巨大潜能更好地挖掘出来。

当然，有些人对此不以为然，他们会说：“成功哪里有那么容易？”可是事实上，只要你时刻告诉自己会成功，那么成功其实完全没有想象中那么难。

德国人力资源开发专家斯普林格在其所著的《激励的神话》一书中写道：“自我激励是成功的先决条件。每个人都有梦想，都有实现梦想的渴望，一个人一开始是什么样的并不能决定他以后就会成为什么样的人。我们只要拥有切实可行的梦想，拥有雄鹰般的勇气和胆识，时刻强化自己的成功意识，不断地激励自己向着梦想前进，就一定可以走向成功。”

所以，当我们在为梦想而努力奋斗的时候，一定要经常激励自己，不妨想着“我这样做一定能够学得更多”“我必须好好表现，这样才能取得下个月的公派名额”，诸如此类信念的每一次闪现，都是一种自我激励。

坚持做到这一点，且不断地去实现，我们就已经走在了通往梦想的阶梯上。人生充满了挑战，请不断地告诉自己：“我可以成功，我可以做得更好。”这种自我激励就是你成功的强大助推器！

▼

激情助燃你的梦想

拥有热情的人每时每刻都充满了活力，就像他们身体内的血管里流淌的不是血液，而是火焰和岩浆一样，内心中充满着火热的激情，做什么都异常积极，并行动迅速，效率很高。这种人全身上下仿佛都在向外辐射着正能量，让人觉得他们的生活充满了希望，并且这也确实让他们距离梦想的成功更近一些。

马特是美国威斯康星州一家公司的销售员，他拥有超群的推销技术，业绩曾经高居全州推销纪录的榜首。马特与其他人有一个非常明显的差别，那就是在所有的同事都觉得前景黯淡、对工作失去信心和希望的时候，他仍然保持相当的热情，并投入很多的精力去坚持走访客户，往来于各处销售网点之间。他这种活力四射的工作态度感染了许多人，并且他也用实际行动证明了：不到最后一刻，就仍有希望，就仍有激情工作的意义和价值。

有一次他去一家商场进行推销，不料这家商场的经理非常顽固，很直接地拒绝了马特的请求，并且断言马特所提供的产品不会给他们带来任何的效益。马特并没有因此而灰心，相反，他只是出门绕了一圈，反思了一下自己刚才的一些推销策略，顺便调整了一下自己的心绪，之后他便再次回到那家商场，重新向那位经理推荐自己的产品，没想到这一次却出乎意料地顺利。

同样还是那位经理，同样还是原来推荐的产品，马特前后两次所受到的待遇有着天壤之别，连他自己都没有料到自己会成功。就在马特感觉非常诧异的时候，商场经理说出了原因：“一般的推销员被拒绝后都不会再次回来，而你是第一个回来的。只有对待工作有百分之百热情的人才会这样做，是你的热情感染了我，所以我想跟你这样的人合作绝对是不会错的。”

马特用自己的激情走出了第一步，就是因为他对于自己的梦想有着难得的热情。对于一些特定的行业来说，遭到拒绝似乎是家常便饭，当被拒绝一次的时候，很多人对目标依然充满了信心，可是如果是十几次、一百次呢？能够有勇气坚持到最后的人寥寥无几，而恰恰是这“寥寥无几”的几个人最终走向了成功。可见，想要成为行业内的优秀员工，你就要做好随时被拒绝的心理准备，要让自己始终保持良好的态度和不减分的激情。

克里蒙·斯通是美国历史上著名的销售大师，被誉为“保险业怪才”。他是美国联合保险公司的董事长，也是美国商业大亨之一。

斯通有一个不幸的童年，他幼年丧父，整个家庭仅仅依靠母亲的微薄收入生活。为了让母亲多休息，斯通在很小的时候就出去卖报了。有一次，斯通在一家餐馆卖报，不幸被餐馆的老板赶了出来。他趁老板不注意，又偷偷溜进了餐馆，恼火的老板一脚将斯通踢出了餐馆，可是斯通拍了拍屁股，仍然再次溜进了餐馆。那些食客们看这个小家伙很勇敢、很执着，于是劝老板不要撵他了，并且纷纷买他的报纸。

在遇到拒绝的时候，小斯通保持着“不达目的誓不罢休”的态度，也就是因为他这样的态度，使得他日后成为商业巨富。

世上无难事，只怕有心人。我们做任何事情都必须下定决心，不怕苦不怕累，保持激情，只要用这样的态度认真地去做，一定会得到一个好的结果，一定会看到梦想实现的那一天。

能够时刻保持激情的人，就像一支火把，散发出光和热，带给周围人明亮和温暖。拥有激情的人能够创造奇迹，激情能化腐朽为神奇，能让这个世界都充满积极向上的氛围，将未来谱写得更加美好。

▼

人最大的失败是不敢想

拿破仑·希尔从很小的时候起，就要求自己在遇到事情时绝对不要犹豫迟疑，要在最短的时间内作出反应，正是因为这样，他的人生才与众不同。

在拿破仑·希尔25岁的时候，他还是一个在报社打工的小记者。一天，他接到任务，采访钢铁大王卡内基。为了这次采访，希尔做足了功课，而采访也进行得非常顺利。

突然，卡内基问他："年轻人，你愿意接受一份为期20年的工作，研究世界上的成功人士吗？我要强调的是，这份工作没有任何报酬。"

要花20年做一份完全没有报酬的工作！这真是极富挑战性的工作啊！如果同意，这样冒风险的事情可能会让自己吃尽苦头；若不同意，自己将失去与世界上最成功人士结识的机会。这很难选择，但他只是遵从了自己的内心，毫不犹豫，脱口而出道："我愿意！"

"你愿意？"卡内基也怔了一下，确认道，"你真的愿意？"

“是的，先生，我愿意！”

卡内基满意地笑了，他说道：“如果你的回答超过了60秒，你将失去这次机会。年轻人，我已经考察了200多人，只有你，毫不犹豫给出了答案。我认可你！”

第二天，卡内基就带着希尔采访了当时最著名的发明家爱迪生，再之后，卡内基又将希尔引荐给了政界、工商界、金融界、科学界的数百位成功人士。

希尔通过与他们交往，研究他们的成功经验，并将这些经验整理成书，在市场热卖。而他本人，不但成为畅销书作家，还成为著名的学者和教育家，名利双收。而此时，恰好过了20年。

20年对很多人来说都不敢想，时间太长，需要付出的努力太多，即便会有很多的机会，但风险也依旧存在。可这样的机会是你付出多少努力都难以得到的，巴尔扎克说过：“机会来的时候像闪电一样短促，全靠你不假思索的利用。”所以，不要不敢想，再次遇到这样的机会时，别犹豫、别放过。

当然，像拿破仑·希尔遇到的这样的机遇还是很少见的，也难免会有人说：“这样的机会一般人都不敢想。”可是落实在很普通的工作上，你就会敢想，并且努力去做吗？

石油大王洛克菲勒年轻时，还是美国一家石油公司的小员工，他每天的工作非常简单，就是检查石油罐盖是否自动焊接完全。这项工作的流程非常简单，石油罐从转送带被移至旋转台上，然后焊接剂就会自动滴下，沿着盖子旋转一周，直到将盖子密封好，流程结束。洛克菲勒的工作就是盯着这条线路，检查每个罐子的盖子是否被密封好了。

每一天，洛克菲勒都要上百次地盯着这道工序，上百次地检查石油罐子，实在是枯燥至极。在洛克菲勒之前，已经有好几个年轻人因为受不了每天这样简单乏味的工作，纷纷辞职离去。但洛克菲勒没有这样，他觉得任何工作都有可以挖掘和突破的闪光点。

很快，这个年轻人在观察了成千上万次的重复机械动作之后，发现了一个非常有趣的现象：每一个罐子旋转时，焊接剂都滴落39滴，但其中总有一滴焊接剂是多余的。他想到，如果可以使焊接剂少滴一滴，一年下来，该节省多少焊接剂啊。

于是，他在工作之余，潜心研究，发明出了“38滴型”焊接机，使用这种焊接机，每一罐石油都会节省一滴焊接剂，每一年都会给公司节省5亿美元的开支。

焊接工作更像是流水线工作，大多数人做这种工作都会觉得枯燥乏味，没有一点兴趣，更不用说去思考焊接剂使用多少了。可越是这样枯燥、一成不变的事情，越具备创新和改进的可能，越能让你的努力成果有大的飞跃。

所以，即便你对现在所学习的东西没兴趣，对现在所从事的工作没有热情，你也不要将自己变成一个头脑简单、思维迟滞的“机器人”。活动下自己的大脑，努力使它运转起来，即便没有实质性的进展，也会让你自己的情绪好起来，也会让你的周围不再暮气沉沉、一潭死水。

人生必须
疯狂坚守一种必胜的信念

美国麻省理工学院教授舍恩提出了一个著名的理论，他指出："新思想只有在真正相信它、对它着迷的人手中，才可以开花结果。"而这一理论就被命名为舍恩定理。

根据舍恩定理，一个人只有对事业充满信心，对自己充满信心，才能在事业上开花结果，而这也是一个人获得成功不可或缺的前提。当然，并不是说有了这个因素就可以获得成功，成功所需要的其他因素也非常重要，但胸怀必胜的信念是最基本的条件，是激励自己达到目标应该具备的最积极的态度。

对于人们来说，只有对成功满怀信念才能克服困难以达到成功的境地，才能感到内心的愉快，才能真正走向成功。每个人都对成功充满了渴望，对胜利充满了渴望，所以胸怀着必胜的信念就是成功的关键所在。

去过日本的人想必对日本的剑道有所了解。两人对垒时，哪怕对手非常强大，也不能退缩，要迎面而上。打斗过程中，即使被打得遍体鳞伤、招架不得，也不能中途认输，必须继续战斗。

结束时，面对强大的对手，你除了要表示尊敬之外，最重要的就是不能认输，你一旦认输，就会受到对手的蔑视。训练场就是战场，你应该做的，就是坚信自己会胜利！

日本的奈良有一座唐招提寺，是仿唐佛寺建筑的典范，设计修建这座寺庙的正是律宗大师鉴真法师。想必鉴真东渡的故事已经广泛流传开来，我们也从故事中体会到鉴真东渡日本所经受的磨难。前五次东渡，历尽艰险，游历了几乎大半个中国，最终都以失败告终，而且，在第五次东渡过程中，鉴真法师双目失明，一度悲痛欲绝。但是他没有就此认输，而是振作精神，准备再一次出海，再渡日本。尽管第六次依然惊险万分，但最终还是成功了。鉴真东渡，历时12年，经历5次失败，遭遇无数艰难险阻，但是他始终怀着必胜的信念，永不服输的他成了最后的胜利者。

世界上能不断前进的民族，不断发展的文明，无一不是永不认输的胜利者！也只有凭借着必胜的信念，才能为胜利克服一切困难，扫清一切障碍。怀有必胜信念的人遇事不畏缩，也不恐惧，能够自我超越。他们时刻充满活力，能解决任何疑难问题，凡事喜欢全力以赴，大都能成为最终的胜者，他们都有一个共同的座右铭——信念。

怀有必胜信念的人能够正视失败，因为有这个信念，所以他们相信失败只是暂时的。这世界上的每一个人都渴望胜利，但是我们渴望胜利的心是不一样的，这并不难理解，为了胜利，你能够坚持到什么程度呢？每个人都不一样。但可以肯定的是，站在成功顶峰的王者，有着世界上最令人望尘莫及的信念，而这份信念就是一份必胜的信念！

中国羽毛球运动员林丹，是我们心中永恒的羽坛之王！2012年伦敦奥运会羽毛球男单决赛的赛场上，林丹和李宗伟上演了巅峰对决。前两局，双方战成了一比一的平局，第三局决胜局就演变成生死之战了，双方压力都很大。第三局开始后，双方的比分咬得非常死，4∶4、6∶6、8∶8、15∶15，一再地出现平分，比赛一度白热化，直到最后一刻，林丹以20∶19领先一分，他乘胜追击，一鼓作气拿下了最后一分，战胜了对手，得到了这枚得来异常艰难的金牌！

这是为什么？是什么让林丹即使是在自己先失一局的不利情况下，依然没有丝毫动摇？说到底，就是一个职业运动员对自己许下的必胜的信念！

信念不仅仅是口头上的宣言，不能只是说说而已，而应该是能让你付诸行动的动力。信念是一个人人生道路的指导，是人生的信仰，信念能够指引我们看清人生的方向。

英国著名的哲学心理学家斯图尔特·米尔曾经说过：“一个有信念的人，所爆发出来的力量，远远胜过99位只是心存兴趣的人。”这句话也说明了为何信念是成功者所必须具备的。

人人都可以支取信念，而且信念是取之不尽的，只是我们需要好好控制自己的信念，让它发挥出最大的力量。

拿破仑·希尔曾经说过：“抱着微小的渴望，只能获得微小的成功。”换而言之，你的渴望越大，你的成功就越大、越辉煌。

信念的力量是惊人的，它可改变一切，让许多看似不能成就的东西达到圆满。充满信心的人永远击不倒，他们是人生的胜利者。所以，为了你的信念而努力吧，困难终会过去，胜利终会出现在你眼前。

应付了事，完成了也是白搭

有个朋友因为要参加一个重要的宴会，白天又太忙，便在晚上急匆匆地去了家门口的一家理发店。她想着好好收拾下头发最多用三小时吧。可谁知道，发型师的速度慢得让她想骂街。

朋友想烫发，再稍微染点颜色。换了别的发型师，大都会粗略地修剪下，就直接上卷、上药水。可这位发型师不干，她修剪得很精心，足足用了半个小时，然后才开始卷发的流程，上各种卷，各种药水，各种洗晾蒸。

朋友眼看着其他的客人都做好发型离开了，心里难免着急。她就跟发型师商量，要不少加热一会儿吧？要不少蒸一次吧？可发型师不干，而且在听说她第二天有重要宴会参加时，还免费给朋友做了一个营养焗油，说这样才能保证烫发的最好效果。

朋友很无奈，对于这样的发型师她也无可奈何了。其间朋友的家人、发型师的家人都打来无数次电话，这些都丝毫没有影响发型师的工作节奏。

发型师总算在深夜十二点完成了她的“作品”。朋友连镜子都没顾得上照，就匆匆交钱回家了。朋友在回家的路上还想，以后再也不找这个发型师了，太固执、不会变通了。

可第二天，朋友就发现自己错了，因为她发现自己的发型太适合自己了，连她在宴会上的表现都不自觉地自信了很多，而且她觉得这次的发型保持时间越长越好看。

现在，朋友只要有需要，就会去找那位发型师。不仅如此，她经常推荐自己的家人、朋友一起去做头发。而那位发型师已经是店长了，却依旧对每一位顾客笑脸相迎。

有很多时候，我们对于事情的定义就是做完了就好，完成了就可以了，可不曾想过，将事情做到最好才是成就自己、成就梦想的不二法门。

有一位送水的师傅，承揽了附近好几栋写字楼的饮用水配送业务。其实那个区域的饮用水有很多品牌，很多家在做，可是他的业务量是最大的。

一位开公司的朋友看到隔壁公司也用他们家的水，就订了这家。可随着接到的小广告越来越多，他发现这家的水并不具备价格优势，他找到前台，让前台对比下另外几家送水公司，换一家性价比高的。

就在前台还未跟他确认这件事前，他进公司时碰到了那位送水师傅。送水师傅非常热情地跟他打招呼，态度很好，不仅帮忙把水放到了离饮水机近的位置，还将空了的水桶拿下来，换上新的。临走时，又拿出自带的小手绢把洒在地上的几滴水擦了擦。

朋友在送水师傅走后，马上跟前台说，不用换送水公司了，继续订这家的水。

又到了年底，朋友公司的库房走了两位老员工。他第一个想到了那位送水师傅，在他上门送水时将他留下，跟他谈了谈是否愿意干库房的相关工作，两人谈得非常顺利。如今，那位送水师傅已经是朋友公司的库房经理了。

人的眼睛都能清楚地分辨是非，你的表现在别人心中都会有一定的估计值，当你觉得差不多就行了，别人会觉得你做得只是差不多；当你想着不能应付了事时，别人会对你很满意；当你想着一定要做好时，别人会觉得很惊喜，而你也可能会得到相应的惊喜。所以，你的每一次付出都是你努力的印证，不要应付了事，那样即便完成了也只是你的本职而已。

努力过，即便结局并不完美

黄俊是一家生产型公司的车间主任。有一年，在国庆长假到来之际，一批订单不期而至。生产部门的领导找到了黄俊，希望他能说服车间的员工，以公司利益为重，放弃长假休息时间，把那一批订单赶出来。

此时，黄俊所在车间的员工都已做好了长假休息的准备，甚至还有人打算在假期内完婚。黄俊对此感到为难，他不便拒绝公司的要求，但也不便要求员工放弃长假，回车间加班。最终，他想到一个“两全其美”的方法，希望公司能以加薪作为员工在长假内加班的奖励，这样一来各有所得，能尽量均衡公司与车间员工之间的利益。生产部门的主管听了黄俊的建议，一口答应了下来，并表示会尽力为他们争取加薪。

经过加班加点的努力之后，那一批临时订单终于被及时完成，但在月底发工资的时候，黄俊和工友们却发现，他们的工资一点儿也没涨。黄俊和工友们愤怒不已，找到了生产部门的主管。生产部门的主管对他们说，自己已经尽力为他们争取了，但决定权不在自己手上，自己也是听从公司高层领导的决定。黄俊和工友们又找到了公司的一位高层领导，这位高层领导对他们说，他们所提出的加薪要求不符合公司规定，所以公司予以了否决。同时他还表示，可以把假期补给他们。

黄俊和工友听了都非常生气，但他们知道和公司硬碰硬没有好处，只好接受公司的决定。

黄俊和工友们之所以满怀怨愤、失望而归，是因为他们所付出的努力没有得到预期的回报。但是这个世界就是这样，你付出了一百分的努力却不一定能收获一百分的成果。所以，有这样失望的结局再平常不过了。

但是结局不完美并不应该成为我们不再努力、放弃梦想的理由。我们在努力的同时一定要预知结果的多种可能，有时努力的过程也是我们难得的历练。

当我们面对社会中一些不够诚信的人或事时，我们更要看到自己获利的一面，即便没有获得预期的结局，我们也在努力的过程中收获了经验，收获了经历。

刘柏林在某公司工作一年多了。入职之前，他已经有了两年的工作经验，再加上他名校毕业，有着过硬的专业技能，入职之初，公司曾对他许下诺言，承诺只要他在工作上积极表现，就会在一年内给予大幅度的加薪奖励。一年过去了，刘柏林的工资却一直没有上调，这让他非常不满。一天，他找到了上司，对上司说："在公司工作的这一年，我很开心，也学到了很多东西。只是我的表现并不优秀，得不到公司的认可。"

上司听了刘柏林的话，猛然醒悟过来，问道："你要辞职？"刘柏林装作不情愿的样子点了点头。上司看着刘柏林思索了一会儿，然后拍着他肩膀说道："我明白，我明白，你先回去工作。"

没过几天，公司接了一项业务。上司把刘柏林和另一个员工叫进办公室，拍着他们的肩膀说："这个单子不小，好好做啊。"另一个同事一口答应了下来，而刘柏林看上司这么久都没有提加薪的事，表现得很是冷淡。上司让另一个员工出去之后，对刘柏林说："我明白的，你这次好好做，把这个单子做好了，我向公司申请给你加薪。"刘柏林见上司说到重点，满怀欣喜地出去了。

一个星期之后，刘柏林终于把这一单业务做完了。他长长地出了一口气，坐等上司给他传来加薪的好消息。但没过两天，刘柏林发现自己开始无事可做了。后来，他发现自己电脑里面的客户资料全部丢失；再后来，公司的内部系统他也进不去了。这明显是人为原因造成的。

为此，刘柏林找到了上司。上司见到刘柏林，态度比之前冷淡了许多。还没等刘柏林开口，他就对刘柏林说道：“很遗憾，公司对你的加薪申请予以了否决，不过你辞职的申请，公司已经通过了。”刘柏林见此，知道事情已经没有任何回旋的余地，就走出了上司的办公室，离开了这家公司。

有些场合，口头的许诺并不具备约束性，或许只是别人激励你去做事的一种方式。当你得不到最初许诺给你的东西时，你也不要过于伤心，而要理智地看待自己的得失，看自己在努力的过程中收获了什么。只要你用心了，努力了，相信你一定已经有所收获了，即使这样的结局并不是百分百的完美。

04

Xiang Yiwusuoyou
Nayang Qu Nuli

像一无所有那样去努力

▼

世界从未公平，努力是唯一出路

在任何环境中，人们都想得到公平的对待，以维护自身的利益，这是人的本性，也是一种合理的要求。然而，这世界却没有绝对的公平可言，一些不公平的事时有发生。

安娜是个聪明伶俐的女孩，而且长得很漂亮。大学毕业后，她一路过关斩将，顺利进入一家大型销售公司。公司的经理很看重她，就派了公司销售业绩一直排名第一的罗莉带她。

按照经理的安排，罗莉要带安娜一个月。安娜非常好学，在入职后的一个星期，就已经能独立操作了。在第一个月，安娜将一些业绩算给了罗莉，算是对罗莉带她的回报。罗莉对此也心安理得。到第二个月的时候，安娜的业绩就已经超过罗莉，成为公司销售业绩的第一名了。经理对此非常开心，对安娜大加夸赞，并向她承诺，只要她能连续半年保持业绩第一，就将她提升为首席销售。

安娜非常开心，工作也更加努力。在接下来的四个月之中，安娜一直保持着业绩第一的成绩。只要她能在第五个月再拿到一次业绩第一的排名，她就能如愿被提升为首席销售了。然而在第五个月时，发生了一桩意外。

按照安娜当月的销售业绩，她是可以名列第一的，但因为经理将她的一些业绩划给了罗莉，使得安娜没能在当月夺魁。安娜非常生气，就去问经理原因。经理告诉她，那些业绩因为有罗莉的参与，所以划在了罗莉名下。而所谓“罗莉的参与”，仅是罗莉曾帮她接过一个相关的电话。

安娜因此觉得受到了不公平的对待，内心充满了怨愤，在工作上开始懈怠，她的业绩也因此出现了明显的下滑。经理见此，对安娜鼓励之余也进行了一定的批评。安娜对于经理的态度失望不已，不久之后就辞职了。

安娜确实受到了不公平的对待，她的遭遇确实很值得同情，可跟她有同样遭遇的人有太多太多了。如果每个人都像安娜一样，因为内心充满了愤懑就放弃自己的梦想，或者大改以前的努力状态，消极懈怠，那最终吃亏的还是自己。

现在的我们比未来的每一天都要年轻，年轻最大的资本是什么？毫无疑问，那就是无极限的青春。正是因为有这个最大的本钱，我们才会朝气蓬勃、意气风发，才敢像初生的牛犊一样不怕虎，还斗志昂扬地向着老虎冲过去。这个时候的我们不畏惧不公，不屑于抱怨。能长久地保持昂扬的状态自然是好，但你得保持良好的心态，否则，再激情的青春之歌也会让你唱成哀曲。

李静和王晨是同一所大学的同学，毕业后进入同一家公司。一个月后，公司通知两人在试用期结束后，将不准备与她们签订正式合同，这一打击令原本意气风发、计划干一番大事业的两个年轻人倍感沮丧。

李静一蹶不振，感叹老天不公，没有给自己一个发挥的机会，于是，她一下子就失去了工作热情，每天浑浑噩噩，也不工作，只会向周围的同事抱怨，大吐苦水。最初，其他老同事挺同情这个小孩，总会安慰她几句。但李静的抱怨旷日持久、没完没了，持续了整整一个月，而在这一个月中，她除了抱怨，什么都没干。

王晨截然相反，尽管刚听到这个消息时也非常失望，但她立刻调整了情绪，依然像刚到公司一样，热情洋溢地工作，她觉得即便要离开，也得给公司和同事留下一个良好的印象。

于是，一个月后，李静离职了，而王晨因为良好的表现，被公司留用了。

李静和王晨面对同样的不公，就因为一个选择了抱怨，另一个摒弃了抱怨，继续努力，所以结局就完全不同。

世界存在不公，但不公不代表你就亏了。很多生活在当下的年轻人，就业自助，住房无望，爱情渺茫，肩膀尚还稚嫩，压力却已如山大。但不公不代表你亏，因为每个人都有着同样的进取心。不要以为比尔·盖茨是赢在了他的家世上，他之所以能成为世界首富，是因为他一直在以最旺盛的战斗力奋战不止！所以，记住他说的这句话：“人生是不公平的，习惯去接受它吧。请记住，努力是唯一的出路。”

▼

要么努力，要么出局

“世界上有许多做事有成的人，不一定是因为他比你会做，而仅仅是因为他比你敢做。”当很多人在因畏惧失败而裹足不前时，那些努力向前的行动派早已在终点笑着回望他们了。

西红柿原产于南美洲秘鲁的丛林里，起初它的名字是“狼桃”。当时人们有一个普遍观念，那就是越是色彩诱人的东西越有剧毒，特别是在南美洲，从蘑菇到箭毒蛙，都印证了这个道理，所以当时的人们觉得色彩鲜艳漂亮的西红柿一定也是含有剧毒的一种植物。在16世纪的时候，欧洲人将西红柿引进到了西欧和北美，但是人们也仅仅将西红柿当作一种观赏性植物来种植的，丝毫没有想过它能够食用。

1830年，美国人罗伯特上校在位于新泽西州萨伦镇的农场里栽种了许多西红柿，他认为人们觉得西红柿含有剧毒完全是主观臆断，并且坚定地认为西红柿能够供人食用。他希望证实自己的想法，也希望自己种植的西红柿能够进入当地的蔬菜市场。

为了证明自己的正确，并希望大家都能购买自己种出来的西红柿，罗伯特便向全镇人宣布自己将会在大庭广众之下吃掉十个西红柿，以证明自己所说的都是正确的。当时大多数人都认为他疯了，一个医生还断言这种行为绝对是在自杀。

在罗伯特约定吃西红柿的那天，所有人都涌向了镇上的法院门口，罗伯特将在这里吃掉他们认为含有剧毒的西红柿。正午时分，在上千人的注视之下，罗伯特拿起了一个西红柿，一口咬了下去。这引起了一片惊呼，然而就在众目睽睽之下，罗伯特真的连续吃下去整整十个西红柿。看着依旧面带微笑地站在众人面前的罗伯特，大家愣了半天才反应过来，并报以热烈的掌声表示庆贺，乐队也为其演奏起了凯旋的乐曲。

从此，西红柿不仅没有剧毒，而且还很美味的消息不胫而走。不久之后，西红柿便风靡全世界，成为人们餐桌上经常能够见到的一种食材。

罗伯特上校用自己的行动告诉人们，有了梦想就要为之努力，不要犹豫，更不要怀疑自己，只有行动起来才能证明自己，才能够不被淘汰出局。正如英国文豪莎士比亚的一首诗写的那样：“好花盛开，就该尽先摘，慎莫待美景难再，否则一瞬间，它就要凋零萎谢，落在尘埃。”

努力越多，
你的世界就越大

一家广告公司准备扩大业务，需要招收新人。李明是某著名大学的广告学专业本科毕业生，是名副其实的高才生，他凭借着高学历一举中的；而陈宏是一所普通大学的艺术设计系的专科毕业生，学习成绩中等，比起李明自然相差甚远，但为人很勤快，于是也入选了。

三年后，设计部的主管得到了晋升，总经理希望他推荐一位继任者，这位主管推荐了陈宏。总经理颇为不解，说道："我记得陈宏和李明是同期的吧，李明是名牌大学的本科高才生，而陈宏的学历要低一些，你为什么舍李明而选陈宏呢？"

主管道："是这样的，总经理。论学历，当然是李明更好一些，不过很可惜，李明在工作中表现出来的能力差强人意，我仅仅能用中规中矩来评价他；而陈宏不一样，虽然他的学历稍差一些，但非常积极上进，他完成的工作总能超出我的预期。这个位置如果交给李明，今后的设计部将难以持续发展，必定会故步自封；而交给陈宏，我们的设计部将实现新的突破。所以，我选择了实力更强的陈宏。”

总经理点点头，接受了主管的推荐。

谁说高学历的人就一定是胜出者？不一定！学历能给你提供的支持非常有限。如果你不具备过人的实力，以原有的资本沾沾自喜，那么再高的学历也保佑不了你。今后的你会发现，自己除了努力别无选择。

一家跨国贸易集团董事长需要两名助理，经过一番选拔，李京和胡乐两个人脱颖而出，成为最终的胜利者。当两个人意气风发、准备大干一场的时候，人事部主管的一番话一下子浇灭了两人的热情。

“你们每天的工作就是打杂，主要负责董事长办公室的文件收发、会议期间做记录、安排董事长行程等。”

李京与胡乐都是名牌大学毕业的优秀学生，却只被安排来打杂。胡乐对此不能理解，认为这是这家公司的戏弄之举，自己完全被耍了，气愤之下，他拂袖离开。

李京没有走，他觉得公司一定清楚自己的教育背景和条件，这样安排一定有公司的理由，于是他决定试一试。

在三个月的试用期内，李京整天围着董事长忙碌，重复地做着主管一开始就告诉过他的那些日常琐事，董事长没完没了地让他做各种事情，他简直成了董事长的保姆！

可是，他并没有厌烦，很多时候，董事长会将半夜还睡得迷迷糊糊的他突然叫醒，交代他去办一些重要的事，对此，他表示理解，而且并不认为那是刁难和压榨，他反而觉得那是领导在锻炼自己。在这三个月中，李京了解了一个企业领导的行事思路和企业的经营方法，进步很快。

终于有一天，董事长对他说："小伙子，你不觉得我是在欺负你吗？"

李京笑笑道："不！您是在帮助我成长。"

仅仅一年，李京就晋升为行政部门主管。后来，他也开始按照董事长的方式训练新人。

李京在看似打杂的忙碌中熟悉着自己的工作环境、工作职责，他并不了解自己下一步的工作会是什么，但是他知道自己只需要努力，只需要做好董事长要求的每一件事。我们应该能够预见，即便李京最后离开了这家公司，他这三个月来锻炼出的处理琐事的能力，也足够他胜任大多数公司的行政岗位了。

努力会让你脚下的路越走越宽，努力会让你的选择越来越多，努力越多，你的世界注定会越大。

不放过每一个
可能成功的机会

电影《杜拉拉升职记》中，杜拉拉所在的DB公司准备做一次内部调整，对一些部门进行精简和整合。这是一件吃力不讨好的工作，做得不好极有可能栽在这里。因为在公司中层领导当中，很难找出一个具备驾驭整个公司的能力的人。所以，几个有实力的中层领导能回避的都回避了，这件事就搁浅在这里。直到事情已经无法再拖延，各部门负责人才又聚在一起开了个会。会上，大家继续执行“乌龟政策”，能避就避，谁都不肯出面接下这个任务。

突然，杜拉拉打破了沉默，表示如果能够制订出周密的计划，采取适当的措施，精简整合工作是能够顺利完成的。人力资源总监李斯特忙不迭地问她是否能够接下这个工作，杜拉拉欣然同意了，每一位中层领导都松了口气，觉得这个恐怖的“大螃蟹”终于有人接下了。

尽管遇到了一些困难，但是，杜拉拉凭借出色的组织能力、协调能力，按照事先制订好的计划，成功地完成了合并任务，并赢得了整个公司同事的关注与肯定。

也许杜拉拉的实力在DB公司里不算是最强的，也许那几位中层领导也能够很好地完成这个任务，可是他们因为各种各样的理由，没敢出手，而杜拉拉成功地抓住了这个机会，让自己有了独自展现实力的舞台。

杜拉拉本身就是从事着相关的工作，而如果你没有什么耀眼的文凭，当机会到来时，你依旧要伸手去抓住，因为你已经看到了机会，这本身就是一个阶段性的成功。

某年的一个春天，一位中国农民去韩国游玩，受朋友的委托，他在当地的一家超市买了4大袋共30斤的泡菜。因为泡菜太重，回旅馆的路有点远，他渐渐觉得塑料袋越来越重，就想着把袋子扛在肩上，但是又怕弄脏了新买的西装。正为难时，他忽然看见街道两边茂盛的绿化树，就想到了办法。他放下袋子，在路边的绿化树上折了一根树枝，想用它来当提手拎泡菜袋子。可是恰巧这一幕被警察看到了，因为损坏树木、破坏环境，他被罚了50美元。

50美元对于他来说是不小的数目，这些钱在国内，都能买大半车的泡菜了！他交完了钱，心里十分愤懑，因为舍不得那50美元，更觉得给中国人丢了脸。越想越窝火，他干脆放下袋子，不走了，坐在路边生闷气。

冷静后，他开始思量起来，为什么不弄个既方便又不勒手的提手来拎东西呢？对，如果我能发明个方便提手，专门卖给韩国人，肯定能赚钱！想到这里，他顿时有了精神，暗下决心，将来一定要挽回今天的面子。

回国之后，他并没有忘记这件事，而且发明一种方便提手的想法也越来越强烈。后来，他干脆放下手头的工作，一头扎进了方便提手的研制中。根据人的手形特点，他反复设计了几种不同款式、材质的提手。但是，实验总是有不如意的地方，他甚至有些丧气了。但一想起在韩国那令人汗颜的50美元罚款，他又充满了斗志。

经历了多次失败，他最终试验成功了，产品也生产出来了。他请邻居们帮忙试用，这不起眼的小东西得到了大家的好评。有了它，大家买米买菜时多提几个袋子也不觉得累。随后，他又将提手拿到集市上售卖，但是看的人不少，买的人却寥寥无几。

“这样可不行。”他有些着急了。这时候妻子出了个好点子：将提手免费赠给那些拎着重物的人。这招非常管用，不久，当地大街小巷到处听到有人打听提手的卖家。

小提手小有名气了，他也更有信心将这种产品推向市场了。

但是，他还想着当初设计小提手的初衷，于是，他很快就申请了发明专利。为了能让方便提手顺利进入韩国市场，他还仔细了解了韩国消费者的消费心理。

他的功夫果然没有白费，虽然前期投入了大量精力进行市场调研，但回报还是十分可喜的。产品刚上市一周，他就接到了韩国一家大型超市的订单，以每只0.25美元的价格一次性订购了120万只他所设计的提手！那一刻，他知道他赢了。

这个做方便提手生意的人叫韩振远，他的灵感虽然看着不起眼，却因此让他从普通农民变成了百万富翁。

农民出身的韩振远一无所有，他的成功正是因为抓住了一个可能成功的点子，并为之不懈努力。很多时候，事情能否做好，完全取决于你是否敢做，是否抓住了已经来到你手边的机会。所以，即便你一无所有也不要紧，只要你大胆出手，足够努力，你依然可以傲视群雄！

用自信和坚持展示实力

美国职业橄榄球联合会前主席杜根曾经提出这样一个说法："强者不一定是胜利者，但胜利迟早都属于那些有信心的人。"这是心理学上的"杜根定律"，说白了就是自信心定律，一个人的成败取决于他是否自信，自信并勤于实践，你将永远手握一张人生之旅的坐票。

自信是指人对自己的个性心理与社会角色进行的一种积极评价的结果，是一个人心理健康的重要标志之一，也是一个人取得成功所必须具备的心理特质。从个人心理的角度来说，自信是一个多维度的心理系统，是个体对自己的正面肯定和积极确定的程度。无论做什么事情，自信都是为你打开希望之门和成功之门的钥匙。

作为大学应届毕业生，李安和其他同学一样忙碌地在各面试单位奔波，可惜面试的机会不少，进入复试的机会却甚少。

一次，李安与一位已经工作了一年的师兄聊天，这位师兄无意中的一句话让李安如梦初醒。这位师兄对他说：“找工作没什么，只要专业对口，表现得自信些就好。正所谓‘人有多大胆，地有多大产’。”

所以在此后的面试中，李安改变了以往的谦逊原则，时不时在面试官面前表现出他小小的自信。一次面试中，面试官向李安提出了这样一个问题：“目前我们公司更需要有经验的人，你是应届毕业生，没有任何工作经验，你会怎样克服自己的这个不足？”这样的问题不知道问倒了多少初出校门的年轻人，李安也曾在以往的面试中败在这个问题上，可是这次李安并没有因此被难倒，在面试前，他已经做了足够的心理准备，并确信一定要让面试官留下他。

李安十分镇静地回答那位面试官：“我是一名应届毕业生，此前因为要完成学业，所以没有足够的时间去参与社会工作，也就没有足够的工作经验，但我有信心可以胜任这份工作。我觉得任何一家公司的招聘都如同画家购置画纸，那些有过工作经验的人，他们的画纸上已经有人在上面泼过墨了，你要想再在上面绘出一幅图来，就必须按照先前的风格继续下去。而我目前就是一张白纸，你可以在上面任意挥墨，你想要这幅画是什么样子，我想我都可以做到……”

李安简短的几句话让面试官不得不对他刮目相看，并且给李安打了一个令他满意的分数。

李安正是靠着自己的自信心，走出了人生中完美的一步。在当今竞争激烈的社会中，出色的能力是必需的，但你所表现出来的自信则是做好一切事情的“杀手锏”。所以，对于每个人来说，在保证自己拥有过硬的专业知识的同时，一定不要忘记胸怀一颗自信的心，用心中自信的明灯来展现自己的精彩。

自信，可以让你对周围的每个人都产生感染力和吸引力。李安全身上下散发出来的那种自信、坦然和随机应变的机智，不是每个人都能够具备的。自信心，有的人是与生俱来的，有的人则需要后天培养才能得到，但无论是哪种人，他们都在各自的领域努力展示着自己的实力，有经验的老手或许更受重视，但黑马辈出的今天，作为新人的你还是那么不自信吗？你可以对自己的经验不够自信，但你要对自己的能力和自己付出的努力多一份自信和坚持，这个不被传统束缚、笑纳新人的时代为我们准备了足够大的舞台。

国内某大型时尚服饰品牌准备推出一套四季系列服装，由国内一位年轻的设计师主持设计。当设计完成后，公司特意在公司高层间举行了一场讨论会，希望能够在服装正式进入市场前尽可能地完善设计。

在讨论会上，公司一位资深的服装设计师对这套四季系列提出了质疑，认为设计理念不切实际，既不符合美学理念，也严重背离市场需求。这位资深设计师是公司的老员工，而且在业界享有很高的声誉，因此，公司为数众多的高层也被他说服，纷纷表示反对将这套服装投放市场。

在形势一面倒的情况下，年轻的设计师没有畏惧权威的论断，而是胸有成竹地向与会众人阐释了自己的设计理念以及可靠的市场调查数据，证明自己的设计是符合社会大众的审美趋向的，具有非常强的市场潜力。他的自信感染和说服了在场的很多人，最后众人一致决定将这套四季系列服装投入市场。三个月后，这一服装系列取得了巨大的成功，创下了惊人的销量。

这样的事情每天都在发生，所以，你必须自信、必须坚持，将自己的实力展示出来。如果你的实力的确不掺水分，那你的努力自然会得到广泛的认可。

▼

凡事都需要你的热情

犹太人中流传着这样一句话：“选择你所爱的，爱你所选择的。”不论是哪行哪业的成功人士，你会发现他们都有一个共同点，那就是他们都对自己所从事的事业充满了热情。

有“经营之神”之称的松下幸之助就十分重视工作热情的作用。他说，不论一个人的才能有多高，知识有多渊博，如果做事缺乏热情，那就等于纸上谈兵，搞不好就会一事无成；而一个资质平平却满腔热情的人，由于他勤能补拙，所以也能创造出很好的业绩。

热情是人生的催化剂，人只要永远充满热情，生命之树就能常青。人们是快乐还是痛苦，很多都取决于人们对所做的事情是否拥有热情。石油大王洛克菲勒曾经说过：“天堂与地狱都是由你自己建造的。你赋予自己的工作以意义，将工作视为一种乐趣，那你的人生就是天堂；你视自己的工作为一种负担，那么你的人生就是地狱。”

野田圣子出生于1960年，她于1987年当选为日本岐阜县议会议员，是当时日本最年轻的县议员。之后，她相继在小渊内阁、福田康夫改造内阁和麻生内阁中担任重要职务。然而令人想不到的是，这位身份显赫的女政治家的职业生涯是从负责清扫厕所的清洁工开始的。

野田圣子的第一份工作是担任日本帝国酒店的工作人员，但是在入职培训期间她所负责的工作是清扫厕所。她的工作内容就是每天将厕所的马桶清洁干净，并且要清理得一尘不染才算合格。自从野田出生以来，就根本没有干过如此脏累的活儿，所以当野田第一次开始接触马桶的时候，她差点儿恶心得呕吐出来，并且在工作后不到一个月的时候便开始讨厌这份工作。

然而有一天，一个和野田同样负责清洁马桶的前辈在清理完马桶之后居然手捧一杯马桶里的水，当着众人的面喝了下去，以此证明她清洁过的马桶干净得连里面的水都可以直接饮用。这时候野田才发觉自己的工作态度不对，她认为即便一辈子都要干清理马桶这样的工作，也要做一个干得最好的人。

于是在培训期的最后一天，她也当着所有人的面将一杯马桶水喝了下去。并且这次清扫厕所的经历成为她宝贵的人生财富，帮助其在之后的人生道路上稳步地前进。

扫厕所对于所有人来说都是“不太体面”的工作，可是对于野田圣子则不是，因为她觉得即便是扫厕所，也要有热情，只有将全部的热情都倾注到这份工作当中，才能有所作为，成为“最好的厕所清洁工”。

政治家是每个人都向往的重要人物，而厕所清洁工则是不起眼的小人物，可当小人物拥有了大智慧的时候，厕所清洁工也能成为政治家，野田圣子的故事告诉我们只要对生活充满激情，努力去做好每一件事，你也可能够创造奇迹。

我们一生中要处理的重大事件只占全部事件的20%，而其余的80%则都是我们眼中的“小事情”，就是这些微不足道的小事情组成了我们人生的大部分。我们如果不能努力做好这些小事情的话，那么我们注定会成为失败者，因为那20%的大事情虽然非常重要，但是其成功的概率却很小，并且其风险性也是我们无法预料的，所以将宝押在这些大事情上是一种豪赌的心态，是难以成功的。

▼

时间记录着
每个人努力的痕迹

每个人的成功都是日积月累的成果，因为每个人的才能都不是天生的，而是经过后天的努力所练就的。无论你目前在做什么，只要能使你的能力得到锻炼和提升，那你前方的路将是一片光明，所以不要只看眼下，哪怕是家很小的公司，只要能给你施展能力的机会，你也可以欣喜接受。

石油大亨洛克菲勒是享誉全球的大富豪。在没有成为富豪之前，他也曾是一名普通的打工者。

洛克菲勒在穷困潦倒的时候，曾到一家普通的公司去求职。该公司的一位面试官问他：“你想找什么样的工作？”

洛克菲勒答道：“我希望得到的是所有工作之中薪资最低的，因为我现在急需一份工作。”

面试官在一番询问之后，录用了洛克菲勒，给了他一个组装线工人的工作，薪资待遇并不优厚。

洛克菲勒非常开心，这并不是他要求低，只是因为他的确需要一份工作，而且他也是根据自己当时的实际能力来求职的。对这份工作，洛克菲勒投入了极大的精力。在完成本职工作之余，他还积极研究为公司节约成本和提高工作效率的方法。

一年之内，洛克菲勒通过不断的努力，终于得到了公司的认可。公司为了表彰他的进步，将他调到采购部。之后，洛克菲勒不断升迁，先后担任灯光部经理助理和工业关系部主任。

洛克菲勒后来功成名就、享誉全球，其原因是多方面的，但与其自身的努力是密不可分的。他在这家小公司的努力奋斗，自然也是成就其才能不可或缺的一部分，这也证明了小公司成就人才的可能性。

一个人是否能够得到自己预想的美好前程，不在于他起点的高低，而在于个人的努力。只要能够脚踏实地，积极努力，即使你曾经很平凡，也能够取得光辉的成绩。

卡地亚那公司是20世纪80年代最著名的机械制造公司，该公司的研发部门人才济济，即使像詹姆斯这样从耶鲁大学机械工程专业毕业的优秀毕业生也进不去。

于是，詹姆斯隐藏了自己的学历，去应聘该公司的普通职务。进入公司工作后，詹姆斯除了做好手头的工作，还努力学习交到自己手上的一些资料，吸收了很多新东西。

一年之后，公司的产品出现了重大问题，需要进行技术革新，可是现有的工程人员无法完成这项工作，技术难题迟迟突破不了。正当公司的上层对此一筹莫展时，詹姆斯直接来见总经理，分析了这一技术难题出现的原因以及解决的办法，并且拿出了自己的改造设计图。这一设计图非常先进，既保留了产品原设计的优点，又攻克了那个重大的技术缺陷。

此时，詹姆斯才和盘托出自己的身份，他也因此被提升为主管生产技术问题的副总经理。

如果詹姆斯不愿意从基础的工人工作做起，那他很可能失去进入这家公司的机会，无法完成自己的设想。

努力是一种抽象的东西，看不见摸不到，但在你遇到问题的时候，它便显现出来。如果你什么也不做，就只能随波逐流，如果你朝着自己既定的方向去努力，那你一定会很优秀，会收获超出一般人的成绩，会在一次次的努力后彰显你无可取代的实力。因为，时间会替你记录着你的每一次努力。

▼

最努力的时候
运气最好

他出生在印度班加罗尔旁的一个小镇上，因为家境不好，他没有念完中学就辍学了，只能回家帮家人种地。

他家共有3亩多田地，跟很多村民一样，地里种满了橡胶树，因为产量有限，每年的收入只够一家人填饱肚子。他个性好强，不想一辈子都过这种极端困苦的生活，于是每天都努力劳作。每当收获橡胶的时候，他总觉得橡胶树滴下的汁水，是心中的血水。

与周围其他乡镇不同，这里的土壤呈一片褐红色。外地人看到这种现象，觉得十分新奇而有趣，而当地村民则觉得这种土壤糟糕透了，这也是橡胶树没法增产的原因。先天条件如此，他无可奈何，却又从未放弃过努力。

一个星期天，他在当地仅有的那家图书馆查阅资料时发现，原来当地的红土里很可能含有丰富的氧化铜。这一发现让他兴奋不已，因为他想到了一个能让自己变富有的好点子。

他连忙雇了一辆汽车，将整车的红土运到了几百公里外的一个铜矿厂，经过技术检测，红土里的确含有丰富的氧化铜，铜矿厂主也同意出高价收购，还和他签订了长期的供货合同。一车红土刨除了运费，他还净赚了96个卢比。此后，他便动手砍伐了自家田地里的所有橡胶树，开始变卖红土，这些收入成了他人生中的第一桶金。

后来，村民们也开始效仿他，变卖红土赚钱，而这时候，他已经在镇里开设了第一家铜矿厂，开始大量收购红土了。由于他的收购价格高，又省去了往返的运费，整个地区的红土几乎被他垄断了。不久，他就变成了镇里最富有的人。很快，在当地电视台连续不断的报道下，更多具有实力的铜矿厂主来到了这个小镇。竞争更加激烈，恶性循环导致红土价格越抬越高，发展到最后，居然无利可图了。

一天，他在电视上看到一则新闻："卡邦科技部前副部长库尔卡尼表示，过去4年中平均每周有一家公司到班加罗尔注册，这个速度在印度是绝无仅有的。"他再次决定转换投资方式，在这个毗邻城市的小镇投资地产。

他卖掉了自己的铜矿厂，开始收购村民手里的土地。因为土地被村民们大规模地开挖，早已满目疮痍，已经没法种植任何农作物了，因此，他用很实惠的价格就收购了镇里90%以上的土地。他还答应给村民们免费建一个封闭型小区，并安排村民的子女在自己新创立的公司里工作。

两年后，他的这一投资再次获得了回报，因为扩建工业园区的需要，当地政府大规模收购土地，而收购的土地价格比他当初收购的价高出了600倍，他的这一远见，远远超出了那些至今还想靠挖红土发家致富的铜矿厂老板们。靠着政府的这笔资金，他组建了自己的软件王国。

25年后，凭着他的商业才能，他最终从当初那个整天围着橡胶树转的穷小子，变成了开创世界知名IT品牌的跨国公司总裁。

他就是有“印度比尔·盖茨”之称的普雷吉姆。

普雷吉姆的成功，看似受到了幸运女神的眷顾，而实际上得益于他的远见以及对新信息的敏感度，也与他为了改变命运而一直努力奋斗的精神分不开。不要迷信运气，但要相信，越努力，你的运气会越好。

05

Chenggong Laide Buchi Zhishi Ni Taizao Fangqi Nuli

成功来得不迟，只是你太早放弃努力

第一次失败时你就退缩了?

每个人的曾经都写满了第一次，在那么多的第一次当中，第一次失败也许是最令人印象深刻的事情，因为它带给我们的挫折感最强烈。其实，第一次失败之所以挫折感强烈，是因为它是首次的经历，除此之外，它并没有什么特别需要我们记住的地方。但是你在经历了第一次失败后是如何做的呢？是继续尝试，还是退缩放弃了？

晶晶和星星是两条鲑鱼，到了洄游的季节，鱼儿们都该回到出生的地方去了。于是，晶晶、星星和同伴们一起踏上了溯河洄游的征程。每一天，鱼儿们都要顶着时速几十千米的水流上溯数十千米，体力消耗得很快。一天，正当大家艰难前行时，一道高高的水瀑横在了它们面前，没有其他选择，鱼儿们只能奋力一跳，飞越这道水瀑。同伴们纷纷积蓄力量，一个接一个地越了过去，然后继续向着故乡游去了。晶晶和星星也准备飞越了，可是它们两个又瘦又小，力量不够，结果，它们尽管铆足了力气一跳，却还是掉了下来。晶晶沮丧极了，它觉得自己是不可能跳过去的，于是就决定放弃，独自一个黯然游回了海洋。而星星没有放弃，它一次又一次地跳跃着，一次又一次地掉下来，可它还是毫不犹豫地再次冲上去。终于，在冲刺了几十次之后，星星越过了那道飞瀑，追上了自己的伙伴，回到了故乡。

每一次失败都是成功前越来越绚烂的高潮前奏，它逐步推高了乐章的音阶，直到成功的那一最强音的来临。失败的积淀是一个重要的人生步骤，为了不使这个步骤缺失，我们唯有不停地冲锋。如果在第一次失败时就退缩了，那之后对于成功的追求也就戛然而止了。

小西是一家广告公司设计部的主管，也是公司的精神支柱，之所以这样说，是因为小西无论面对任何棘手问题、任何艰难形势，都能百折不挠。就像设计部现在正在进行的一个案子，客户在一开始就没有提供一个成熟完善的广告文案，结果拍出来的片子不尽如人意。

负责剪片的同事在剪片子的时候，总是找不出合适的思路，怎么剪都是乱成一团，根本体现不出广告要宣传的产品是什么。这让客户暴跳如雷。小西马上召开了会议，确定出了一个切实可行的文案，并让客户过目，结果客户还是不满意，小西继续依照客户的要求，反复修改，终于定下了方案。

之后，小西安排导演补拍镜头，在此期间，客户又几次推翻了之前已经确定好的文案，阻挠拍摄。小西就拍摄内容一条一条地与客户反复协商，艰难地完成了拍摄工作。到了剪片环节，小西亲自操刀，与客户落实好每一处细节，直到整部片子剪完。交片时，客户又提出了不满意的地方，片子需要重剪！

当时，全公司的人都非常气愤，觉得这位客户根本就是在鸡蛋里挑骨头，无事生非。被这位客户打击得太多，大家都不想继续干下去了，只有小西依然冷静地找到客户，询问对方有哪些不满意的地方，然后与客户一起将片子再一次剪完了。这回，片子终于达到了客户的要求。正是因为小西能够在屡遭打击的情况下继续坚守，始终以饱满的精神状态应对挑战，所以公司经过慎重考虑，决定晋升小西为公司主管业务的副总裁。

小西在做这个项目期间所经历的失败可不仅仅是一次两次了，但她每次都能够在暂时的失败后，继续努力，继续尝试与客户沟通，尝试新的思路。只有像这样不怕失败、不屈不挠，我们才不会给自己留下任何遗憾。

没有下一次！拿出破釜沉舟的勇气

高考临近，你会对自己说“考不好没关系，还有下次”吗？

进入第一家用人单位，你会对自己说“做不好没关系，还能换一家”吗？

推进一个项目，你会对自己说“干砸了没关系，还会有下一个项目”吗？

当然会有下一次，只要你这样告诉自己，就说明你已经放弃了这一次，直接期待下一次了。而下一次到来时，你还会同样告诉自己还有下一次。只要你指望下一次的心不死，下一次就会源源不断。

但很遗憾，尽管我们可以在形式上不断地保证还有下一次，但实际上，下一次的能量是在逐次减弱的。这一点，古人很早就告诉我们了，“一鼓作气，再而衰，三而竭”，一次次耗下去，将会倾尽你所有的力气。所以，拿出勇气、积蓄力量、坚定意志，告诉自己只有这唯一的一次机会，必须破釜沉舟！

美国电影《蝙蝠侠之黑暗骑士》中描绘了这样的一个情节：在一个幽深、暗黑的地下世界中，困着很多被放逐在这里的人，连接外面的唯一通道，就是他们头上的一条长而狭窄、四壁光滑的井道。透过这井道，外面的光亮无时无刻不在召唤着深井下的人们，可人们却出不去。

尽管很多人系上绳索，沿着零星几处突出来的岩石慢慢往上爬，但总也到不了与周围间隙最宽的那块石头。每到此处，他们都会因跳跃不上那块石头而掉下来，功亏一篑，但是他们告诉自己：没关系，我们身上系着绳索，即便掉下去，下面的人也会拉着我们，我们不会死，还可以从头再来。所以，他们一次又一次地重复爬着，可一次都没有成功。这其中包括一个瘦小的女孩，她同大家一样，够不到那块最远的石头。

一天，她再一次决定尝试，并且解掉了身上的绳子。大家瞠目结舌，因为小女孩一旦不成功，就会掉下来摔死，就不会再有下次了。

可是小女孩还是爬了上去，站在那块石头前，她没有后路，不会再有下一次了，这一次必须成功，否则就是死！就是这一次，她跳上了那块石头。

攻克难关最大的助力就是让自己濒临绝境。当年楚霸王凿沉战船，断了自己所有的后路，背水一战，才有了今天破釜沉舟的传奇。同理，我们面对艰难险阻，也必须将自己置于绝境，再无转圜的可能，才能置之死地而后生。

不要一遍遍地尝试、等待，一点一点消磨着勇气、消耗着力量，在一次次尝试中一次次沉沦下去。与其这样，还不如在第一次时，就赌上一切，一举制胜！

▼

果断出手，别给自己留恐惧的时间

很多时候，我们无法很好地处理事情，不是因为没有自主意识，而是恐惧心理在作祟。事到临头，只要心中生出哪怕一丝的恐惧，再做下去就很难了。

因恐惧而畏首畏尾，不敢出手，最后就会什么都做不了，毫无执行力可言。那么，人们在做事时为什么会感到恐惧呢？一般情况下，会在做事之前产生恐惧的人通常有两种，胆小鬼和聪明人。胆小鬼会害怕，通常跟即将要做的事情没有关系，可能仅仅是天生胆小的缘故；而聪明人之所以会害怕，就是出于对事情本身的考虑，他们会将要做事情的前因后果、细枝末节考虑得清清楚楚。所以，一个根本就不想，一个想得太透彻，有时事情就做不了了。

我们当然不喜欢毫无缘由就害怕的胆小鬼，因为无论什么事，只要他们有理由害怕，就不会去做。

约翰是法学院的尖子生，专业成绩非常优秀，毕业之后，他顺利地进入一家著名的律师事务所工作。约翰很清楚不是所有人都能够进入这家事务所，自己已经站在了一个相当高的起点上。突然，他产生了一种“高处不胜寒”的恐惧感，生怕自己不能胜任，辜负了所有人的期望。于是，他开始不自觉地拖延做事：因为害怕准备不充分，所以拖着不见当事人；因为害怕自己经验不够，所以拖着不写案件小结；因为害怕自己在庭上被控方击败，所以拖着不出庭。他就这样一天天害怕下去，一天天拖下去，最终什么事情都没有做成。

这样的事情并不少见，因为恐惧也是人们做事时的本能反应之一，很多人就是因为懦弱，因为恐惧，才迟迟无法将事情做好！但人们因为无能、粗心大意等理由没有成功都是可以被原谅的，唯独因恐惧而没有去做所造成的失败是不可原谅的。这样的理由一旦被原谅，你会在所有的事情上都以这个为借口给自己开脱。没有人是天生勇敢的，也没有人是天生懦弱的，遇到事情的一刹那，只要你不迟疑，肯去做，就能做得成。

上面提到的是不敢做的人，还有一种就是想得太多的人。这类人的恐惧并不是情感上的懦弱，而是一种理性上的思考，而这种坚持理性、不敢有所突破的观念也会让人错失良机。

李玉与陈晶同时进入了一家大型电视台工作。一次，两人作为随队记者，奉命跟随领导人出国参加一场盛大的国际经济交流活动。活动的最后一天，主办方将举行新闻发布会，发布一个经众多国家讨论协商后提出的共同声明，这令各国记者非常兴奋。他们早早地来到现场守着，希望能够抓到哪个政要，第一时间对其进行采访，率先拿到独家新闻。李玉与陈晶也在其中。

突然，李玉想要去卫生间，便让陈晶先盯着。她来到卫生间，发现卫生间外面站着许多保镖，她本能地意识到里面有一个国家的领导人，机会难得，她很想冲进卫生间，但又想到，如果将一位国家领导人堵在卫生间里，这将是什么性质的事件？会产生什么样的后果？自己将承担什么样的责任？很难预料。她最终还是放弃，返回了会场。见到陈晶后，她将事情一说，谁知话音未落，陈晶就跳了起来，抓起自己的摄像机，箭一般地冲向了卫生间，并强行闯了进去，将那位国家政要堵在了卫生间里，拿到了关于声明内容的独家新闻。

李玉是一名训练有素的记者，她当然不是天生的胆小鬼，她的恐惧源于她过多的思考，心有忌惮以致耽误做事。正是因为这一刻，她想得太多了，使得自己犹豫了，从而失掉了独家采访的机会。反观陈晶，则做出了与李玉完全相反的行为。其实，李玉并不比陈晶愚蠢，她们两个差的，就是那一刹那间对恐惧的妥协，因为陈晶没有妥协，所以她在关键时刻顶了上去，完美地完成了自己的工作。

无论你属于胆小的一类，还是属于聪明的一类，你都应该让自己更果断些。事情到了眼前，别给想太多，越是到了关键的时候，你越应该努力跟随自己的心声，大胆地将自己脑子里的想法变成现实，一口气冲上去。等你真正开始做事之后，你就会发现，事情并不像你想象的那么可怕，你会因为没有多想而更容易将事情做成。

▼

在不断的被否定中成长

追求成功的道路其实就是一个扬弃的过程，在这个过程中，你要不断否定错误的部分，同时不断肯定正确的部分，一旦这些正确要素占据了绝对的优势，成功就会来临。因此，把握好每一次失败的机会，用它们来问鼎成功！

某汽车制造集团准备设计一款新概念节能车，领导将初步设计任务交给了设计部部长严涛。严涛接到任务后，立刻开始了研发工作。

第一稿图纸完成后，严涛将图稿上交给了领导，领导看后摇摇头，表示汽车的整体外形相当不错，但动力系统非常老旧，实在不能体现新概念的含义。于是，严涛拿回图纸，继续研究，在保留原车型的基础上，更换动力系统，并从结构上适当做出了调整。

第二稿图纸完成后，严涛拿着图纸，直接找到了领导，寻求意见。领导还是摇了摇头，觉得车门的设计太保守，希望能够突破传统模式。就这样，严涛再次拿回图纸，继续修改设计。

第三稿也终于完成了，这一次领导看过后，依然摇了摇头，认为车轮的驱动有问题，如果是四轮驱动会更好。严涛再一次动手修改，将两轮驱动改为四轮驱动，并且为与整个车身相匹配，采用了全新材料的轮胎。

当严涛将第四稿呈给领导看后，领导终于点了点头，表示基本可以定型了，现在可以让设计部的其他工作人员加入进来，完善细节。

两年后，一款集节能、时尚、新能源、高速、机动灵活等多种元素于一身的新概念跑车研制成功。

一次次地被否定并不可怕，因为即便是在这些失败中，也蕴藏着能够获取成功的积极要素。严涛就是在每一次的被否定中提取出积极要素，再经过一次次修改来聚合更多的积极要素，更加努力地去追求高品质，最终成功地设计出了新概念跑车。

看到此处，我们不能不钦佩哲学家们总结出来的“否定之否定”原理是多么富有深意。今天的我们很喜欢一种叫作“试错”的方法论，觉得通过尝试错误来验证正确很有道理。

但是，职场不会允许太多的“试错”，但可以支持每一次的“求对”，只要你在经历每一次失败时，能够紧紧抓住失败中的积极要素，再将这些正确的因子不断地投放到接下来的尝试中。

当你做对的部分能够压倒做错的部分时，成功便水到渠成。

当然，我们并不否认某些成功是一蹴而就的，但以这样的方式成功的人要么非常强大，要么非常幸运。对于绝大部分的成功来说，人们都是经过漫长的修正而一步步取得的。通过努力而取得的成功坚实可靠，经得起时间的考验。所以，如果你想要取得扎扎实实的成功，就不妨试试这样做。

安逸是
努力的最大“敌人”

19世纪末，美国康奈尔大学进行了一次著名的“青蛙试验”。研究员将一只青蛙放进煮沸的大锅里，青蛙立即触电般地蹿了出去。

之后，研究员又将这只青蛙放进一个装满凉水的大锅里，青蛙在水中自由地游动，然后他们用小火慢慢加热，青蛙虽然可以感觉到外界温度的变化，却因为自身的惰性和逐渐安逸的温度没有立即往外跳，直到后来热度高得难以忍受而最终失去了逃生能力，被热水煮熟。

心理学家分析说：这只青蛙第一次被放进沸水中，因为沸水的剧烈刺激促使它使出全身的力气跳了出来，最终“逃离险境”。但是第二次，这只青蛙被放进凉水中，没有明显感觉到刺激，因此，这只青蛙没有产生任何危险意识，也没有警惕心理。因为过于安逸，当它感觉到危机时，已经没有能力从水里逃出来了。这一实验结果也被心理学家定义为青蛙效应。

人天生具有惰性，每个人都愿意安于现状，不到迫不得已，没有人愿意改变自己已有的安逸生活。对于任何人来说，安逸永远是自己最大的敌人。安逸不仅能让我们忽略周围的环境变化，还会让我们失去很多机会。

张铭大学毕业后，在一家连锁药店做营业员的工作。这家药店全国连锁，在行业内名气较大，整体效益也很不错，所以即便是普通店员，薪金待遇也很好，福利和保险全部都有，最重要的是营业员的工作强度不大，工作环境很好。

张铭很满意自己刚毕业就可以找到这样的工作，虽然他的工作跟进外资企业的同学没法比，但跟其他同样从事服务行业的同学相比，也算是数一数二的。张铭在进这家药店工作前已经得知，药店的老板跟他的父亲是多年的老朋友，他想着自己只要在这儿干着，总会有升职的一天。

有了这样的想法，张铭工作时明显不如其他同事劲头大，店里来了客人他就跟客人打打招呼，没事情的时候就和漂亮的女同事聊天逗乐子。药店的老总有时会安排他出去谈业务，但是他总是会想办法推掉。药店的药品运来时，同事们让他帮忙去卸货，他总是磨蹭着不去，去帮忙也是一脸的不乐意，所以虽然工作很轻松，他的业绩却很平平。

工作一年后，跟张铭一起入职的同事，有的被老板安排到了药店的管理岗位，有的被安排在了其他重要岗位上。但是老板却从来没有跟张铭说过什么，他依旧是个普通的营业员，依旧是入职时的工资待遇。

对此，张铭非常不服气，他认为他一年来没少为药店付出，而且他的父亲和老板关系很好，为什么自己迟迟不被晋升呢？

他将自己的想法跟父亲说了。没想到父亲沉下脸对他说："你这一年的工作表现我看不到，但是我从你们老板的话中已经听出来了。不管怎样的工作岗位，都需要那些能尽职尽责的员工。特别是领导在考虑晋升员工时，首先要看的就是员工平日的表现，你这一年的表现，老板没有开除你已经很给我情面了，你还想要晋升？你好好反思一下吧。"父亲所表达的意思再明确不过了，张铭这才开始反思自己这一年是怎么工作的。

一年来，张铭觉得自己的工作已经是铁饭碗了，根本不需要再为此努力。所以，当其他同事在工作之余拿着专业书籍钻研时，他却在打游戏；当老板让每位员工提交工作总结及对药店的建议时，他总是草草了事，从来没有用心思考过。他在药店的工作就是得过且过、寻求安逸，而这也是导致他没有晋升机会的根本原因。

像张铭这样的人有很多很多，他们无论做什么都是做一天和尚撞一天钟，大部分人对于自己从事的工作都很熟悉，他们每天浑浑噩噩，没有动力，也没有激情去进取，更不会有居安思危的想法，所以他们的人生就是在逐渐走向下坡路。长此以往，就像温水中的青蛙一样，等着“安乐死”。

对每个人来说，不努力去做事，不努力去获得更好的机会，就好似逆水行舟，不进则退。所以，我们无论做什么都一定要时刻保持危机意识。

比尔·盖茨曾经说过：“微软离破产永远只有18个月。”我们也应时刻保持这样的意识，无论工作、学习还是生活，如果不努力，不进取，不想着向前迈一步，就意味着会在不久的将来被淘汰。所以，不要过于享受安逸、享乐的日子，提高自己对危机发生的警惕性，为自己的未来做到未雨绸缪和居安思危，让自己能够经受更多的挫折，驾驭更大的风浪。

你可以不聪明，但不能不用心

如果你去剑桥旅游，说不定能遇见布里格姆。他此时或许正游走在这座城市的大街小巷，一边清洁着美丽的城市，一边向人们展示它的精髓和内涵。

布里格姆22岁的时候大学毕业，他像其他年轻人一样，心里怀着对未来的美好愿望踏进了社会。刚毕业的他希望自己能成为一名教师，这是他从小就向往的职业，他觉得只有自己成为一名老师，生活才有意义，而自己也会受人尊重。

于是，布里格姆慕名去了剑桥市，之所以选择剑桥这座城市，是因为他觉得那里有闻名于世的剑桥大学，那里幽雅僻静，有文化底蕴，学术氛围浓厚。而自己如果能在这样一座城市里从事自己最喜欢的教师职业，那他的一生一定是幸福的。

可是现实并没有遂人愿，布里格姆一连向剑桥市的几所中学投了求职简历，却没有收到任何回音。后来，他降低求职标准，把目光转向小学。可这个城市仿佛并不愿意接纳他，他又被各个小学拒绝了。

布里格姆的心情糟糕透了，很长一段时间他开始怀疑自己的能力。没有工作，没有经济来源，布里格姆的生活陷入困境之中。就在这时，布里格姆看到了一个招聘信息，剑桥市政府要招一批清洁工，任务就是打扫大街，保持城市的洁净，给游客留一个好印象。他犹豫了许久，最终还是报名了。要知道，清洁工离教师这一职业有多么遥远，那不是自己的梦想所在啊！可是迫于生活压力，他必须让自己对现实妥协。

这次的面试很顺利，布里格姆被录用了。他的工作同中国城市的清洁工一样，就是推着垃圾车捡行人丢下的垃圾。起初他并不适应这样做，他也想过放弃，可是没过多久，他发现自己喜欢上了这个职业，他不再觉得这个职业卑微了，相反却觉得自己能让剑桥市的市容有所改变是很光荣的。能为剑桥这个美丽的城市奉献自己的辛劳，他认为是一种荣耀。

布里格姆不再埋头苦闷地清扫，他在清扫间隙，常常听街边的一些老人闲聊，聊城市的历史以及秘闻，并且用心记了下来。剑桥市是一座古老的城市，学术气息浓厚，历史名人众多，可是随着历史的沉积，许多东西已经鲜少有人听闻了，而正是这些已经很难寻到踪迹的东西，才是游客迫切想了解和知道的。而布里格姆每天耳濡目染，他对剑桥的了解越来越多。

一次偶然的机会，有几个游客向他问路，他不仅给游客指了路，还边走边跟他们聊了起来。他本就是有着不错的口才，当他对游客讲解了剑桥的一些逸闻后，游客被他的介绍迷住了，于是让他给自己当导游。由于布里格姆本身有文化基础，所以他稍微用点心就能讲解得朗朗上口、绘声绘色，给人留下深刻印象，以至于后来许多人来剑桥旅游，都指名道姓让他来导游。

而布里格姆不负众望，每次都能让游客满意而归。他对剑桥的热爱和理解，对其文化精髓的吸收和运用，使得自己名气大增，备受尊重，尽管他的身份还是一个清洁工。

2009年年末，布里格姆获得了“蓝章导游”的资格，这是这座城市授予最优秀导游的荣誉，同时，他还成为民俗博物馆主席。为了表彰他对剑桥市及其历史、建筑和人民充满坦率的热爱和感情，剑桥大学授予他“荣誉文学硕士”的殊荣。与他一同领取这项殊荣的还有一个人，那就是微软创始人比尔·盖茨。

人生的成功多种多样，但有一点可以肯定，成功的人往往不是最聪明的，但一定是最用心、最不轻易放弃的。即便你不聪明，你也可以细心去发掘，用心去锤炼，耐心等待机会，真心铸就成功。机会对每个人都是平等的，关键在于你如何选择，如何发挥自己的特长，把自己展示出来。

心有多远，路就有多远

心有多远，路就有多远；成功有多远，失败就有多远。每一次成功就是在经历无数次的失败后，艰难修正得来的，所以每一次的失败都为最后的成功排除了一种再次失败的可能，而无数次的失败一点一点地排除着会导致失败的所有可能性，最终，成功作为无可争议的唯一结果，稳稳地立在无数次的失败之上。

爱迪生在开始进行白炽灯泡灯丝实验后，最早选择用碳化物质做灯丝，但是很遗憾失败了。接下来，他选择金属铂和铱的高熔点合金做灯丝，但也没有成功。之后，他甚至选用了优质矿石和矿苗进行了上千种实验，但是这上千次实验竟没有一次获得成功。

这时，爱迪生突然发现如果将灯丝放置在密闭的真空玻璃罩里，能够极大地提高灯丝的熔点，使得灯丝不容易熔断。于是，爱迪生将灯丝的材质再一次确定为碳化材质。这是一次旷日持久的实验，爱迪生每天坚持工作将近20个小时，历时三年，光植物类材料的碳化实验就进行过6000多次，实验笔记记了多达200多本，共计超过4万页。

他的助手都开始动摇了，但爱迪生坚定不移，奋战到底，最终发明出了碳化竹丝灯丝。

在爱迪生研制碳化竹丝灯丝取得成功前，他究竟失败了多少次已无法统计，但不管路上有多少艰难，他最终走向了成功。而那一路上的无数次失败和最终的成功一样，在人类发明史上熠熠生辉。爱迪生无论在哪次失败后放弃努力，就不会迎来迟迟到来的成功。

无独有偶，凡尔纳也是个不轻言放弃的人。1863年的某天清晨，吃过早餐，凡尔纳打算到邮局去一趟。突然，他听到有人敲门，于是便打开了房门，是邮递员。看着对方递过来的鼓鼓囊囊的邮件，凡尔纳心中暗自觉得不妙。这已经是第15次了，自从他几个月前将自己的第一部科幻小说《气球上的五星期》寄到各出版社，退稿就不断地往回发。

凡尔纳小心翼翼地拆开了邮件，里面附有一张纸条，上面写着：“凡尔纳先生，经审阅，我们决定不刊登您的作品，特此将稿件奉还。”

每收到一封这样的信件，凡尔纳就受一次打击。这已经是第15次了，稿件还是被退回来了。

凡尔纳终于体会到出版社的“老爷们”是怎么看不起无名作者的。“我从此再也不写作了。”他在心中愤愤地想。他拿起稿子走向壁炉，要将它们烧成灰烬。

妻子知道他想干什么以后，连忙跑过来，一把抢过稿件，紧紧护在胸前。然而，凡尔纳被气昏了头，无论如何都要烧了稿件。他的妻子突然灵机一动，用关切的语气对他说：“亲爱的，不要失望，再投一次吧，或许这一次能够成功。”

妻子的话让凡尔纳冷静了下来，他终于放下抢夺稿件的双手。他安静地思考了一会儿，决定听从妻子的建议，将这包稿件送到第16家出版社。

果如妻子所言，这一次，凡尔纳成功了。出版社审读完该稿件后，决定立即出版此书，还与凡尔纳签了20年的出书合同。

通向成功的道路何止千万条！成功的关键不是如何选择你要走的路，而是不要因为已有的失败和挫折而质疑自己的选择。坚持自己的选择，并一往无前地走下去，你一定会克服困难，走向成功。

失败的积淀十分重要，它是努力的化身，为取得成功夯实了基础。我们在做任何事时都不要对成功的渴望太过迫切，这种迫切往往会令我们拒绝失败，或是对失败无所深思，只是机械地重复失败，最后被失败拖垮。

每一次失败中的积极因素都有迹可循，我们要努力将这些积极因素提炼出来，修正失败。所以，尽管失败的次数在增多，但能被提炼出来的积极因素也在不断增多，这就确保了最后成功的实现。

▼

学习无穷尽，努力要有持续性

曾经有一个年轻人学历不高，仅仅是高中毕业，在那个包分配的时代，他被分配到青岛啤酒厂，做一个洗酒瓶子的普通小工。但是，他并没有止步于此，而是努力进取，继续学习。热爱学习的他每一天都将工作之余的时间全部用来学习，当别人聊天、喝茶、休息时，他都在学习。正是由于这个年轻人一直保持着勤奋学习的习惯，他才积累了丰富的知识和经验，其技术理论和操作经验要远胜于同龄人。

后来，这个年轻人在上海的华东电力学院学了一个热工的函授课程，继而又考进了这所学校，学习劳动人事管理专业。毕业后，用知识全副武装的他又回到了青啤，此时他的能力已经有了一个质的飞跃。

这个时候，青啤的用人制度有了变化，开始越来越倾向于重用知识型干部，于是，年轻人恰逢机遇，很快得到了上级领导的重视，从此一路晋升。

这个年轻人叫金志国，如今，卸任青啤董事长一职的他还担任着青岛啤酒股份有限公司的名誉董事长和首席顾问，是中国著名的企业家。

从一个平凡无奇的洗啤酒瓶子的小工，到青岛啤酒股份有限公司的董事长，这是一个充满了传奇色彩的经历。金志国之所以能够成就这样一个传奇人生，主要得益于他明白学习的重要性，以及他为此所付出的努力。

没有人会在第一次做事就被委以重任，哪怕是看似简单的一项工作。如何能成为一家肯德基店的店长呢？前台、大厅、总配、厨房必须实践一遍，才能胜任。同样的道理，一个部门主管必须能够清楚地掌握本部门内部所有的环节；而一个企业的总裁也必须能够准确地把握自己企业内部所有的部门。

如果你止步不前，不再努力，那你注定会被后来者取代，你只有不断学习，不断进步，才能不断地为自己的目标巩固城池、开疆扩土。

汤姆·布兰德在32岁的时候就已经是福特公司的总领班了，这位福特公司最年轻的总领班是怎么在人才济济的福特公司站稳脚跟的呢？我们不妨看一看汤姆是怎么做的。

汤姆刚进入公司的时候只有20岁，在与他一同进入公司的年轻人都迫不及待地寻找晋升机会的时候，只有他从容地将公司的15个部门都了解个遍。这样，他就初步了解了一辆汽车从零件到装配的整个运作流程。为了能够进一步学习到各部门的知识，他没有像其他人一样，进入某一个车间工作，而是申请从一个杂工做起。杂工就是哪个部门需要，就去哪个部门帮忙，这样，汤姆就逐步掌握了各部门的基本情况。

不久，汤姆申请到汽车椅垫部工作，他在很短的时间内学习到制作汽车椅垫的技能。之后，他没有就此停止，而是又依次申请到了点焊部、车身部、喷漆部、车床部工作，最终他掌握了一辆车制作的全部技能。而这时，五年的时间过去了，汤姆的同期中已经有成为部门领班的了。

汤姆的父亲问他："都五年了，你还在做一些焊接、刷漆以及制造零件的小事，这样会不会耽误你的前途啊，你看你们中有的人已经是部门领班了。"

汤姆笑道："爸爸，其实我并不想做一个部门的领班，我不想只学会这一种技能，我的目标是学会全部的技能。我的那些同期，他们有的只是知道椅垫是怎么做的，有的只是知道车身上的漆是怎么刷的，而我想知道的是一辆车是怎么造出来的。我要学会的是制造一辆车的技能。"

等汤姆觉得自己经准备好了，便申请到装配线上工作，由于他事先在每一个部门都工作过，因此，熟知各种情况的他迅速成了装配线上的能手。没过多久，他就成为领班，并以此为基础，逐步晋升为15个部门的总领班。而汤姆的那些同期由于都只了解某个部门的业务流程，因此最多只能成为一个部门的领班。

汤姆的同期只是致力于钻研整个汽车工业的某一项业务技能，而汤姆却是站在整个汽车工业的角度钻研技能。所以，汤姆能够晋升得比其他人更快，这也正是全面掌握专业技能的好处。

学习永远不会穷尽，每一个领域都是如此。你只有将这一领域内的技能尽可能多地学全了，将环节尽可能地掌握全了，才能在这一领域内站稳脚跟，自然也能让将来的你认同现在所付出的努力。

换个思路，结果立竿见影

在寺庙里，晚钟梵唱，佛音缥缈，有很多人前来上香礼佛，跪拜在佛祖的神像之下，或念念有词，或心中默想，向佛祖请求保佑和庇护……这样的情节古往今来反反复复地上演，但是佛祖何时真的降下指点迷津的神谕，让在红尘中沉浮的世人得到启示呢？恐怕就算是庙里的住持也都看惯了这些凡夫俗子的行径，佛心起不了半点涟漪。不是佛祖无情，而是凡俗世人太早放弃，不懂得思考、不懂得去尝试。

做事和求佛一样，不但需要我们有虔诚的心，更要有看破“红尘罗网”的慧眼。

千百年来，大家在遇到问题后，都会想着虔诚求佛或者求人帮忙，而鲜少会想着靠自己将问题处理好。而即便是去求人，大部分人也过于模式化，都采用雷同的方式，相似的手段，一致的言辞，左手茶右手酒地登门拜访，点头哈腰，顶礼膜拜，千恩万谢，不一而足。试想一下如果这种套路见得多了，被求之人也会和那庙里的佛祖一样，对这些低头伏拜的上门求请者视而不见、听而不闻。这些套路实在过于迂腐守旧，让人心生反感，就算是一时答应下来，施恩之人也会觉得索然无味，这就是一种应付和妥协而已，丝毫没有什么“助人为乐”的成就感。

想要说动佛祖一般的“铁石心肠”，让奇迹发生，就要有卓越的智慧和超凡的胆魄，想别人之不能想，做别人之不能做。如果我们能够跳出“我是来求别人帮忙的”这个思维局限的话，我们就能够用一些出其不意或者令所有人耳目一新的方式征服被请求者，令其成为被动的弱势群体，达成“逆袭”的效果。

怎样才能让那些视诸般请求为无聊儿戏的“大神”垂眼青睐呢？

尹智明因为急需用钱，便到银行去取，他想要把多年的积蓄全部都提取出来，但是银行的柜台人员却以“大额的存款提现必须提前预约”为理由，拒绝为他办理业务。

尹智明很焦急，但是一时间又没有办法，忽然他灵机一动，问柜台人员：“我每一次取钱最大的额度是多少？”

银行人员回答说：“单笔最多是五万元。”

尹智明点点头，继续对银行人员说道：“我这张卡里有八十多万，我分二十次来取总可以了吧？不，我要一次只取一万元，我取上八十多回，就在你这个窗口，你总没有什么别的规定了吧？”

银行人员听了尹智明的话之后有些发蒙，确实没有任何的条文和规定不让储户这样做，但是如果尹智明真的用这种办法取钱的话，那么自己这一天就只能为这么一位顾客服务了，而且这个银行网点也会因此面临瘫痪的境地。于是银行人员马上联系了经理，为急需用钱的尹智明打开了一扇方便之门。

尹智明就是一个能够跳出“规则”和“角色”等禁锢之圈的人才，本来他是处于有求于人的弱势，但是经过他这么一番“分析”，他便一下子从弱势转化为强势，这正是因为他巧妙地运用了“虚张声势”的威胁语气。

蒲松龄曾经写过一副对联用来自勉：“有志者事竟成，破釜沉舟，百二秦川终属楚；苦心人天不负，卧薪尝胆，三千越甲可吞吴。”只要我们坚持，任何事都会有出路，这出路就存在于一种“背水一战、破釜沉舟”的绝境当中，正所谓“置之死地而后生”，在绝路之上，那种“同归于尽”的做法最能够让人折服。

这种做法类似于金庸先生的小说《倚天屠龙记》中的“七伤拳”，伤人亦自伤，属于杀敌一千、自损八百的做法。所以，在做这样的决断之前，一定要想好是不是真的要把自己逼到走投无路的份儿上。因为这种办法风险很高，很有可能得不偿失。但是

“富贵险中求”，风险大，成果也大，一旦手段有效，便可逆转颓势，掌握主动了。这种一局定输赢、一子定乾坤的做法，自然需要大气魄和大勇气了。

当然，这个角度的变换很难，如果我们能够狠下心来，来个破釜沉舟，兴许赢的概率会很大，因为并不是所有人都能够和我们“死磕”到底的，毕竟“光脚的不怕穿鞋的”。所以例子中的银行职员一见尹智明要采取非常极端的做法，便决定去帮他解决问题，以免惹火烧身。但是如果遇到那种一根筋不信邪的人，恐怕这种情况下，尹智明就要自食其果了。故而我们还要因地制宜、因人而异地去采取这种办法。

所以，在处理一些事情的时候，如果感觉对方是铁板一块，无从下手，那么不妨试着换一个思路，也许再次出手之后，效果就会立竿见影了。

▼

拼尽全力，别辜负了时光

一位朋友为了改变自己的体形，特意报了某瑜伽馆，练习瑜伽。她去上课时，看到老师把每一个动作都做得那么到位，像是美丽的天鹅在湖中畅游，那么安静、动人、婉转、协调。

可是当她做这些动作，拿她的话说，就像是小丑，坐在瑜伽垫上，身体怎么也不听使唤，任何一个动作都足以暴露她的缺点，她似乎听到自己的身体在“嘶、嘶、嘶”地响。

瑜伽确实很难坚持，我想着那位朋友或许已经放弃了，可是我却总在朋友圈看到她练瑜伽的照片或者一两句心得。

前段时间，这位朋友在朋友圈发的一条消息瞬间引发了无数条评论，因为她已经在闹市区选好一家门店，打算与那里的商家合作，举行周末的瑜伽基础培训，而教练就是她。

是的，她就在我觉得一转眼的时间内，完成了瑜伽教练班的学习。现在的她已经爱上了瑜伽，甚至有了想开一家瑜伽会所的想法。

我又想到了我的一位同学小米，我们是大学的校友，那时受日韩潮流的影响，我和同寝室的同学都报名学起了日语，为的是能看懂日剧。而我们就是在那个培训班里认识了小米。

小米和我们学的不是一个专业，她学的是经济学，她的专业课程总是很优秀。在大家临时抱佛脚准备英语四级考试的时候，小米已经开始准备六级考试了。当我们因为擦着及格线通过了四级时而欢呼雀跃时，小米却低调地高分通过了六级。

同样是在一个培训班学日语，当我们还在苦背五十音图的时候，小米的日语平假名、片假名书写已经很流畅了。当我们还在背单词的时候，小米已经能将日语课文背得很流利了。

和小米熟悉后，我们曾聊过每天的安排，小米每天的时间都被排得满满的。早晨起来晨读英语和日语，然后去食堂吃早点；上午的课程结束后，她会短暂午休，然后再继续下午的课；如果下午没课，她会去学校的外语角和外国朋友一起练习英语或者日语的口语发音；晚上则是雷打不动的图书馆时间，她会选择在这个时间段看专业书籍。

小米不仅懂得利用时间自学，她还总是班里最好问的，课间休息时，她会跟老师请教很多问题，老师对她都很熟悉。我们一起学习时的日语老师就非常喜欢小米，有时候需要互动的环节，总是让小米作为代表。

我问过小米，这样一天天的总是学习，累吗？她笑着说习惯了就好，要想出成绩，不拼命努力怎么能行？况且她知道自己天赋平平，所以只能以勤补拙，只要她努力，不辜负时光，时光肯定也不会辜负她。

临近毕业，我们寝室的同学都不去日语班了，而小米还继续着，当我们找到工作时，听说小米通过了日语二级的考试。当我们举办毕业典礼时，小米已经拿到了日本排名靠前的大学的研究生录取通知书。

再次遇见小米时，是在校庆上，我们是台下的观众，而小米则作为优秀校友上台讲话。短短的几年时间，我们都在努力着，可是我们真的足够努力吗？我想，只要足够努力、足够优秀，上天总会回馈给我们更多的惊喜和意外。

时光匆匆，但只要我们能牢牢抓住正流逝的时间，还是能做很多事情的。所谓的没时间，只是我们没有将每一分每一秒的时间用来努力的借口。

如果你真的想做一件事，肯定会拼尽全力去努力，怎么样都能抽出或多或少的时间来做。所以，别说自己没时间，别辜负了时光。

埋进土里的种子，才能长成大树

每个人都习惯于只做自己需要做的事情，对于此外的事情大都视而不见，其实多做一点儿不仅能体现出你的努力状态，更能让你变得积极向上。特别是对于努力方向还不太明确的人，当你总是比别人多做一点时，你会发现自己的做事能力已经如冒出小芽儿的种子，完全扎根于土中了。而这时的你大都已经明确了努力的方向，已经在某些领域脱颖而出了。

有这样一位邮递员，他每天的工作就是分发邮件，但是因为那时分发邮件的方法非常落后，所以只要分发的时候稍微不小心就会出错。为了不让自己出现分发上的错误，他每天在工作时都非常认真，除了工作要求外的，他还会额外将那些成堆的信件分成一类一类的，然后再根据地址的不同进行再一步的细化。因为他将这些信件都进行了细化，所以他再也不用担心那些粗心的邮递员会出错了。

他的这个分类办法非常有效，因为这个方法，邮电局信件发送的准确性提高了很多，整个邮局的工作效率也提高了，后来他的这一分发方式竟然成了公司发送信件的制度和基础办法。自然，这个宁愿受累分信件的小邮递员也获得了提升。

这位邮递员正是在工作之余多付出了一些努力，才为自己创造了提升的机会。多做一点儿的好习惯，不仅是一个人做事扎实态度的体现，也是一个人成就一番事业的必备因素。每个人的付出就如同一颗种子，你比别人多播下一颗种子，那么在秋天收获的季节，你一定也会比别人多一分收获。

卡洛·道尼斯先生在刚刚到杜兰特的公司工作时，职位特别低，他只是办公室里的一名最普通的职员。但值得庆幸的是，道尼斯的办公室与杜兰特先生的办公室离得非常近。

杜兰特先生日理万机，经常会晚上加班到很晚。每看到杜兰特有晚上加班的意思时，道尼斯便也不回家，他会在下班后在附近的餐馆吃一顿便餐然后继续回到办公室，他回来的时候总不忘记给杜兰特先生带上一份美味的便当。渐渐地，杜兰特先生已经把自己每次加班时道尼斯都会给自己带美味便当当成一种习惯，于是，他再也不会绞尽脑汁去想到哪里吃饭了。

吃过饭的杜兰特工作起来更加精神，加上办公室里有一个人陪着，所以他丝毫不觉得加班是一件寂寞的事。道尼斯也不是没事儿可做，他会在杜兰特需要的时候随时为他复印文件、打印材料……他会为杜兰特先生提供一些他需要的帮助，这也使杜兰特先生的工作效率大大提升了。渐渐地，杜兰特也习惯了每天下班后都在公司继续工作一段时间，而道尼斯和杜兰特就每天都有了独处的机会。道尼斯说："很快，杜兰特先生就发现我在随时等待着他的召唤，并且杜兰特先生也逐渐养成了招呼我的习惯。"

如今，道尼斯先生因为每天比别人多的一点付出而成为杜兰特先生的左膀右臂，担任其下属一家公司的总裁。

一段时间来，杜兰特先生已经将凡事都召唤道尼斯先生的行为变成了一种习惯，而道尼斯先生不计回报的努力付出，没有让他获得任何多余的报酬，可这样的努力方式让他意外地获得了机会，得以快速升迁。

社会在飞速发展，每个人都需要不断地努力、不断地成长来适应这个社会。如果你依旧只想着做好分内的事就够了的话，那么不妨停下来反思一下，你真的足够努力吗？你的努力都没有生根发芽，如何才能长成参天大树？

▼

心怀希望，未来总会更好

有两个农夫生活在同一片土地之上，两人都以耕种为生，这种“日出而作，日落而息”的生活持续了很久。其中一个自诩聪明的农夫渐渐开始觉得这种生活不能满足自己，对这样的未来抱怨不断。

“这种每天都在土里刨食的日子何时才是个头啊？老天爷你不公平啊，有的时候干旱少雨，有的时候洪涝多灾，我总是受苦受累的，每天却只能粗茶淡饭，真是过不下去了！”自以为聪明的农夫哀怨道。

另一个农夫则很淡定，他总是看着自己的田野感慨：“看来今年会有个好收成！”

几年过去了，自以为聪明的农夫再也忍受不了这种没有指望的生活了，于是便怂恿另一个农夫一起离开这里，到外面去闯荡。而那位农夫拒绝了，他解释道：“我们本来就适于这种田园牧歌的生活，每日在大自然的怀抱中辛勤地耕作，看着田野里的庄稼茁壮地成长，等待着金色的收获季节，每年的秋天就是我们的希望所在。如果累了，可以在大树下纳凉；如果渴了，可以饮用山涧边的甘泉；如果饿了，家人就会送来可口的饭菜。吃穿不愁，不惧寒暑，而且还能自由自在地生活。更可贵的是，每年的收成都比之前要好很多，怎么能说这种生活是没有指望的呢？”

这一年的秋天，田野里就只剩下一个农夫的身影了。那个自以为聪明的农夫离开了那里，到很远的地方去打工，并且将自己的土地转让给了留下的农夫打理。

又过了几年，留下的那个农夫家境越来越好，成为远近闻名的富足人士，并且他的住所也翻新了，孩子也都很有出息。而离开这里到外面打拼的那个农夫则依然还是那样，因为没有一技之长，只能终日怨天尤人地生活。

每个人都会心怀希望，希望是宝贵的，只要我们还有希望在，就能满怀激情地走在未来的路上。希望能让激情长久保持鲜活度，让你不急不躁，对未来看得更远。

两个农夫有着迥然不同的人生际遇，而决定他们两人不同结局的是他们是否心怀“希望”。选择离开的农夫对自己所拥有的缺少希望，他认为只有改变才能有出路，但是即便是改变了环境，终究还是无法改变自己，因为他失去了生活的信念；而那个选择留下的农夫则正好相反，他知道生活是充满希望的，未来总会更好，只要自己坚持下去，不轻言放弃。

1910年，在纽约，有两个年轻人合租了一所廉价寄宿公寓里的一间房子。其中一位是来自密苏里州玉米种植区、年少不谙世故的戴尔·卡耐基，当时正就读于美国戏剧艺术学院；另一位是来自马萨诸塞州的乡下孩子，名叫惠特尼。

惠特尼虽出身贫寒，却和其他众多来自穷困地区的乡下孩子有一处不同：他一直坚信自己总有一天会成为一家大公司的老板。惠特尼在纽约找到的第一份工作，是在一家大型食品连锁店当零售店员。从一开始他便非常努力，为了更多地了解业务状况，他经常利用午餐时间主动到批发部门去帮忙。他这样做虽然不会得到别人的感谢和额外的薪水，却给老板留下了良好的印象。当有了更好的工作岗位出现空缺时，老板首先想到的就是惠特尼。

不久，惠特尼就一步步地从零售店员升为业务员，然后是部门主管、区域经理。尽管人们认为他已经很成功了，但他仍觉得离当初自己订立的目标还很远。后来，在那家公司服务多年之后，他感到自己的发展没有空间了，因为总裁在公司里安排了太多的亲戚。而在他加入另一家公司之后，他发现那里晋升职务的根据是工作年限，他知道自己在这里终其一生都无法成为参与决策的高级职员。

但是在他的心中总是怀着希望，他只是将这份希望转移了方向。他想到了自己曾经的梦想——“总有一天，我会成为一家大公司的总裁。”这是他曾对同住的室友说的话。最终他也实现了自己的梦想，他成了“橘子包装公司”的总裁，后来又创设了“蓝月奶酪公司”。

惠特尼的未来是美好的，这份美好是建立在他曾经对希望的坚持和努力上，他不曾放弃过，即便成功迟迟不来，只要有希望在，就可以继续努力下去。

06

Nuli Qishi
Ye Youjikexun

努力其实
也有迹可循

▼

第一次
就将事情做对

处理事情最完美、高效的做法，就是把“做”当成一种艺术，明确知道如何做才能提高工作效率，知道如何做才能一次将事情做好。

世界上最精巧技艺的宝贵之处就在于它的不可重复性，因此，重复便成了一种“罪恶”！之所以这样说，是因为我们会在重复中浪费掉宝贵的时间、挥霍掉宝贵的精力。所以，我们在做事时必须要学会避免重复、节约成本，也就是第一次就将事情做对。

“第一次就将事情做对”是著名管理学家克劳士比非常推崇的一个做事理念，他常常提起这样一个故事：

在一个正在施工的工地上，工人们正在紧张地忙碌着。一位正带着徒弟的老师傅需要一个扳手，于是对着自己的小徒弟说道：“去，拿一把扳手来。”小徒弟应声飞奔地跑开了。过了很长时间，小徒弟才拿着一把巨大的扳手跑了回来，气喘吁吁地说：“师傅，扳手拿来了，真是不好找！”师傅语结，这不是他需要的扳手！他生气地对徒弟说道："谁让你拿这么大的扳手来了！"小徒弟不敢说话了，但是觉得很委屈。

老师傅静下心来想了想，意识到这其实是自己的问题，自己让徒弟去拿扳手的时候，并没有明确地告诉徒弟要拿多大的扳手以及要到什么地方去拿扳手。想明白之后，老师傅就笑了笑，拍了拍小徒弟的肩膀，说道："去把这个扳手放回去吧，然后，到三号库房的里间柜子里，拿一把七号扳手来。"

这回，小徒弟完全明白了师傅的意图，很快就将师傅想要的扳手拿回来了。

在这个故事中，我们可以看到，老师傅之所以在第一次时没将事情交代清楚，是因为他觉得徒弟应该知道自己想要什么扳手，便只笼统地说了一句。可是，徒弟怎么可能知道呢，因此，这件事情的失误之处，就在于老师傅没有在第一次就讲明"拿扳手"的具体要求和途径。

而从小徒弟的角度来说，当师傅要求他去拿扳手时，他就应该意识到扳手的种类有很多，他在什么都不明白的情况下，应该看看师傅在做什么，或者主动询问师傅需要什么样的扳手。这样他也能第一次就将事情做好。

努力做好自己，就必须重视“第一次”的问题，要知道，你所想的不代表别人所想的，所以你想要别人帮你做一件事情的时候，一定要先将自己的意图表达清楚，这样别人才不会漫无目的地绕圈子，浪费时间。

既然“第一次”如此重要，那我们就必须争取第一次就将事情做对。凡事都要弄明白了再去做，不要在不明确的时候，靠自己的揣测去做，那事情做对的概率能有几分？所以，将一切弄明白了再去做，并且要百分百地按照要求做。

20个人拧螺丝，第一个人拧完了一颗螺丝，下一个人才能继续拧另一颗，依次进行。拧1颗螺丝需要1分钟，20个人拧完20颗螺丝就需要20分钟。若第一个人没有将第一颗螺丝拧好，那么，第二个人就得继续去拧第一颗螺丝；若第二个人也没拧好，那第三个人还得继续拧第一个螺丝……以此类推下去，20分钟过去了，原本20颗螺丝应该拧完的，但是，就是因为每一个人都没有按照要求拧好螺丝，所以，在规定的时间内一颗螺丝都没有拧好。

重复20次了，但还是没有做对！这20分钟的时间就是白白浪费了！如果这20个人都按照要求去做，那每一个人都能第一次就将事情做对。

我们在做很多事情时，千万不要忽视了事情的要求，每件事都会有不一样的标准，你只有百分百地遵循，才能做对事情，才能第一次就将事情做好。

即使你有着丰富的做事经验，也一定有不知道、不会做的事情，这没关系，因为你可以通过观察别人来积累相关经验。遇到自己从没做过的事情，想想别人在遇到类似问题时是怎么做的，犯过什么错误，受过什么教训，想明白了，你也就会做了。所以，别人第一次没有做对时，恰恰是你总结经验教训的好机会，等你领会了个中窍门，就可以一次将事情做对了。

准确定位自我，要称职更要出色

一家贸易公司的总经理改变工作日程，提前两天外出开会，临行前向行政主管要之前就交代过的会议资料，但行政主管没有想到会议会提前，所以还没有准备好。关键时刻，行政主管手下的一位小助理悄悄将一份会议材料交给主管，主管翻看之下，觉得资料内容非常翔实，便交给了总经理。这次危机之后，行政主管申请将这位小助理提升为自己的副手。

整理会议资料不是这位小助理的工作，无论出于什么目的，他都出色地完成了这份本不属于他的工作。能在做好职责范围内事情的同时，兼顾其他，这就是出色的一种表现。但大部分人都只是将关注点放在自己的事情上，无论是学业还是工作，都只想着将自己手头的事情处理得尽善尽美……可那些事情本身就是你应该做好的，你做好了也是应该的，并没有出色可言。

拿破仑·希尔曾聘用过一位年轻的小姐当助手，负责帮他拆阅、分类以及回复他的大部分私人信件。而她的主要工作也十分轻松，就是听希尔口述，然后将内容准确地记录下来。当然，她的薪资水平也和其他从事同类工作的人差不多。

有一次，希尔口述了下面这句话，这位小姐同往常一样用打字机认真记录下来：“记住：你唯一的限制就是你自己头脑中所设立的那个限制。”当她像往常一样将打好的内容交还给希尔时，她突然说道：“你的这句格言启迪了我，我有了一个新的想法，也许对你、对我都很不错。”

她的这番话并没有引起希尔太多的注意，但从那天起，希尔也隐约感觉到这件事对这位小姐的影响。在每晚用完餐后，她都会回到办公室来做一些分外工作，当然，这是没有任何报酬的。

她开始将写好的回信直接送交到希尔的办公桌上。她还仔细研究了希尔的语言风格，极力使每封信回复得如同他本人一样，有时甚至比他亲自写的还要好。她一直努力这样做着，直到希尔的私人秘书辞职为止。

当希尔想寻找可以代替这位男秘书的人选时，他立即想到了这位小姐。而事实上，在希尔还未交付她任何这方面的工作时，她就已经主动承担了起来。因为她在下班之后，在没有任何额外报酬的情况下，主动承担各类工作，使自己的职业技能迅速提高，最终使自己有资格担任希尔下属中最好的那个职位。

而她的收获不止如此，因为这位年轻小姐的办事效率非常高，所以也引起了别人的注意，他们向她开出了很好的条件和职位。为此，希尔不得不多次给她加薪，后来，她的薪水已经是初来时的四倍。

希尔实在没有办法，因为她使自己变得非常有价值，他已不能失去这位好帮手。

同一件事让不同的人来做，所定的标准一定不相同，而事情的结果在其他人看来也一定有上中下三个标准。大部分人做事都喜欢向及格线看齐，符合要求就好了，这样的人很称职，却永远不会出色。

一位做销售的朋友，每个月他们都会有保底任务，他的任务是2万的销售额，而他们部门的冠军销售员每月最少能完成6万的额度。这位销售员朋友，每天朝九晚五，一旦完成该月销售额，就开始为自己“庆祝”。而他们部门的销售冠军，每天早上不到8点就开始给客户打电话，晚上也经常加班，或者跟客户应酬，即便到了月底最后一天，也依旧不厌其烦地和客户沟通。

在公司组织的一次销售比赛中，这位销售员朋友的单日出单量最高，可到了月底，和冠军销售员一比还是差了将近两万多的销售额。

其实每个人的能力差别不大，但是每个人对自己的定位却不同。当你把自己定位为一个称职的人后，你就很难向着出色迈进了。所以，不要给自己定位太低，一步一个脚印是没错，当你有足够的能力时，为何不给自己一个出色的定位呢？为何不努力让自己做得更好呢？

有创造性的努力更容易接近目标

“实在是没办法！”

“一点办法也没有！”

“没有办法，算了！”

这样的语言是否非常熟悉？不妨认真地反思一下，你在遇到难题时，会不会习惯性地这么说？

可是，我们是真的没办法吗？还是我们根本没有努力去想，只是在找借口搪塞呢？如果你遇到的问题无关紧要还好，但是如果这个问题对你关系重大，一句“没办法”就是你给自己的答复吗？

这个世界上很少有解决不了的难题，只要你肯努力，只要你试着用有创造性的方式去思考，那么你一定会更容易接近目标。

北京的一处闹市区内有一家开业近两年的美容店，这家美容店在附近有一大批稳定的顾客，美容店每天的生意都不错，顾客往来不断。当然，美容店的利润也非常可观。

随着回头客越来越多，这家店的老板感觉自己目前的经营场所有些小，于是便想增开一家分店。可是这位老板的手头资金加起来也不够另开一家分店的，这让店老板很是苦闷。于是，店老板每天都在苦思冥想，他想了很多办法筹措开分店的启动资金，可是都没能实现。一天，他突然想到一个问题，店里平时不是有很多熟客都希望美容店能给出打折的优惠吗？于是他灵机一动，决定推出一些优惠活动。他针对新老顾客推出了按次优惠的美容卡，有10次卡和20次卡两种：一次性预收顾客10次美容的费用，对这样的顾客给予8折优惠；一次性预收顾客20次的费用，对这样的顾客给予7折优惠。

对于顾客来讲，如果不预购美容卡，一次美容要40元；如果顾客购买10次卡（一次性支付320元，即10次×40元/次×0.8=320元），平均每次只要32元，10次美容可以省下80元；如果顾客购买20次卡（一次性支付560元，即20次×40元/次×0.7=560元），平均每次美容只要28元，20次美容可以省下240元。

当店老板推出这样的优惠让利活动后，吸引来许多新老顾客前来办理美容卡，结果，仅仅两个月店老板就预收了足够的资金，而这些资金足以解决他开办分店的资金缺口。不仅如此，因为很多新来顾客都办了卡，所以店里的生意比以前更好了，店里的效益也大大提升了，越来越多的新顾客被发展为固定的客源。用这种办法，店老板先后开办了5家分店。

这家美容店的老板非常努力，他的努力表现在勤于动脑上了，所以他才能想出创造性的解决问题的方法，最终使自己的生意越做越大。

思考是一种事半功倍的习惯，经常性地动脑思考会逐步提升你的创造力。勤于动脑会让你掌握灵动多变的思考方式，会让你在遇到问题时用随机应变的智慧去分析和判断问题，会让你通过思考的习惯找出解决问题的新方法。

一个人在努力做事之余，还应该努力多思考，提高自己大脑的创造性。很多行事莽撞、做事急躁的人都喜欢直来直去，尽管他们判断的方向是准确的，但是在遇到难题后，他们都没有去独立思考，也没有去寻求解决问题的方法，总是沿着既定的方向被动地等待问题的解决。

真正能做到创新制胜的人，他们为了达到理想的目标，一生都会努力思考，这样，他们才能够在所有问题面前都不退缩，都能积极地去寻找新的方法，创造性地将问题解决。

凡事提前预备好，早几分钟开始

与一整天的时间相比，提前开始短短几分钟的时间，实在是微不足道，但这却是一个举足轻重的做法，只要能持之以恒，所起的作用将是巨大的。每天提前几分钟有助于一天高效率生活的开始，因为这不仅仅能让人对前一天的事情进行一定的总结，还能让人对当天的事情进行思考，有效率地安排一天的时间。

就拿工作的人来说，看似只有几分钟，但对按时到了公司或者迟到了的你来说，当别人已经开始工作，你却还在思考昨天做了什么，短短几分钟内很难进入工作状态，当别人手头的事情完成一件后，你却刚刚开始工作。所以，那些每天提前几分钟工作的人将会是迎接到幸运的人。

李锦丽大学期间学的是文秘专业，毕业后，她在一个大型的电子商务公司找到了一份办公室文员工作。虽然她从事的工作并不是她期望的，但是她每天工作都很勤奋。她认为，要想做好秘书，必须从做好文员开始，所以她利用一切能学习的机会不断吸收新的知识，提升自己。

文员的工作就是负责公司的一些勤杂务，为了能对公司各方面业务都有所了解，李锦丽每天都是第一个到公司的，而其他同事到公司后常会看到李锦丽正忙着整理打印机附近的纸张或者低头看着经理要求打印装订的文件。大家都开玩笑说：“小李，不会是昨天加班到现在吧？”李锦丽听后通常也只是笑一笑。

因为她工作上勤勤恳恳，加上每天比别人提早进入工作状态，所以很快她对公司的业务就熟悉了起来，员工们送给她一个绰号“百事通”，新入职的员工更是喜欢向她问这问那。

一次，公司的客户要来公司洽谈业务，经理在前一天通知大家务必不要迟到。谁知道，客户因为车次的原因，没到上班时间就到了公司。本以为会吃闭门羹的客户，看到公司内竟然有人，很是欣慰。李锦丽看到客户来了，也没有表现得很生涩，而是大方得体地接待了客户。当其他员工到公司时，李锦丽正在给客户介绍公司的概况。

因为李锦丽的热情大方，客户心情很好，这次的业务也谈得非常顺利。客户临走时还对公司经理说：“你有这样的员工真是幸运啊！”此后，经理对李锦丽更是另眼相看。因为工作上的出色表现，一年后，李锦丽被经理直接提升为经理助理。

相信李锦丽的成功之路只是刚刚开了个头，她未来的路还很长。李锦丽的成功并不只是因为她有超强的业务能力，还因为她非常勤奋，她每天比别人早投入工作的几分钟才是她成功的必备条件。

凡事提前几分钟去做，正是一个人努力走向成功的坚实基础。有的人认为每天提前几分钟也不一定有事情可做。其实不然，同样拿工作来说，工作前的时间是最有效率的时间。工作之前，没有人会打扰你，大多数的人还在上班的路上；即便到了公司的人，也不一定投入到工作中。所以这段时间是很安静的，利用这段时间去工作或学习，能够免受外界的打扰，能让你全身心地投入工作或学习中，取得比平时更好的效果。

你所提前的几分钟是一天中处理事情的黄金时间，经过一晚上的休息，这时候的大脑是最清晰的，精力是最充沛的，做任何事情的效率自然也是最高的。

所以，凡事都早几分钟做好准备，早几分钟进入状态。只要你能努力做好这点，你就一定能圆满地做好大部分事情。

▼

及时降温，经常“打击”一下自己

在美国电视剧《生活大爆炸》中，理论物理学家谢尔顿是个天才，拥有超高智商、超高学历、超高实力。如此人才本来很讨喜，可是他自负到可恶的地步，除了自己，他不把任何人放在眼里，总是宣称自己的研究有多么伟大，别人的都是小菜一碟。

一次，他被一个难题困扰了很久，而同事中的一个女科学家解开了这道难题，他立时接受不了，出言不逊。于是这位女科学家每次见到他，就直呼他“傻蛋”，并狠狠地讽刺他。

这种“急速冷冻”的方式可能有点极端，但对于像谢尔顿这样根本不理会其他人的自负狂，也只能用非常之法了。所以，如果你发现有人总是用更好的成绩来打击你，你就要思考一下自己是不是也该“降降温”了。

毕竟，任何事情的好坏都是以成绩的好坏为标准的，当我们还不够优秀时，我们可以将自己的成绩与曾经的自己来比照，可当我们已经足够优秀，就要拿自己的成绩多方面比照了。有数据的成绩是一目了然的，而那些凭借人们的欣赏眼光和鉴别标准而得出的成绩就需要你多用用心，不要只听到真实度不高的夸赞，而要多听听不同意见，适当给自己降降温，不时打击一下自己。

韩国电视剧《可爱先生》中有这样一个情节：拉拉服饰公司设计室女主管是一个经验丰富、实力出众的设计精英，在内衣设计领域非常有实力。她本人也非常自负、高傲，觉得自己的实力无人能及。

因为公司需要扩大规模，于是，一位年轻后辈加入了设计室。随着公司内部权力斗争逐渐升级，实力强劲的女主管与自己的下属同台竞技，争夺新一季新品内衣的发布名额。面对没什么设计经验的下属，女主管异常自信，甚至已经开始构思自己的品牌在进入市场后，该采取怎样的营销策略。但结果出人意料，公司上层经过表决，决定推出下属的作品。

对此，女主管非常不满意，她认为这是公司上层没有眼光，看不出自己的实力。于是，她利用职权，让自己的作品与下属的作品同时进入市场，并坚信自己的作品一定会受到市场的认同。但后来的事实证明，下属设计的内衣非常符合大众的欣赏口味，销量一路飙升，而女主管设计的高端内衣受到了普通消费者的质疑，销量惨淡，只能黯淡地退出了市场。这次惨痛的失败如一大桶凉水浇醒了女主管，她开始反省，并最终决定去法国进修。

自信和骄傲是每个人应有的品质，特别是骄傲，只有那些有过一定成绩的人才会具备。这种骄傲不是傲慢，是一种强大的动力，可以支撑我们不断进步，不断谋求更好的发展。但是，这种品质只需要在适当的时候出现，而且不应过于强烈，更不能强烈到完全忽视“一山更比一山高”的客观现实。

现实中，不论你是做什么的，你所在领域的最好成绩一直在被不断地刷新着，卧虎藏龙、人才辈出的今天，你绝不可能永远是最好的。这种情况下的比较意识并不是攀比，也不能说是嫉妒，只是为了定位，明晰自己的实力强弱。就好比你与别人同时售卖电视，一个月后，你可能觉得自己月销售量15台的成绩已经足够好了，可以飘飘然了，但如果你知道另一个人的月销售量已经达到了40台，一对比，你就会冷静了。冷静后的你会认识到努力的必要性，会更加努力地达到一个更好的成绩。

所以，当你极度自负，大脑“高烧不退”的时候，最好用别人的业绩来给自己降降温，适时地打击一下自己，只有这样，你才能成为一个无可替代的自己。

特事特例，自发主动去执行

林鹏是一家IT公司的销售部经理，他最近正在做一款最新打印设备的销售事宜。这款新品主推大众化，为抢占市场份额，对经销商的让利幅度很大。所以，林鹏希望能够与一些比较好的经销商敲定首批的订量。

林鹏先去了一直保持密切合作关系的一家公司，可经理不在。在他向负责人介绍来意后，那位负责人冷冷地说："老板不在！"

于是，林鹏去了另一家公司，可经理也不在，接待他的员工非常热情。林鹏向这位员工说明了来意，没想到这个人敏锐地感觉到这是一个不错的商机，无论老板在不在，都要抓住。于是，他主动要求第二天就为他们公司送货，其他具体事宜等老板回来以后再敲定。

最后，第二家公司的这位员工为自己的老板谈成了一笔大生意，而第一家公司的那位员工错失了这次机会。

第一家公司那位负责人的执行力使得这家公司前景堪忧。通常来说，公司一段时间内的发展策略是既定的，大部分员工都会对公司所做的事情了如指掌。所以当机会出现时，你就应该主动去抓住，这样你才能给自己和公司这个集体一个全新的机会，这也是一个人执行力的最全面的体现。

对于一般事情来说，或许你会得到一定的提点，但是在一些特事特例上，你就需要活动下脑筋，反复且快速斟酌利弊。

李京和安城在一家酒店的餐饮部门实习，做大堂服务员。一天中午，一位几天前入住酒店的客人来到餐厅点餐，饭菜还没有上齐，他就接到一通电话，之后，他面露急色地找到安城，说自己有急事需要出去一下，饭菜请帮他保留，等他回来再吃。安城觉得没有什么不妥，正想同意，这时李京快步走了过来。

李京非常有礼貌，面带微笑地说道："先生，请您放心去办事，饭菜我们会妥善地保存。不过，因为我们饭店有着严格的规定，顾客一旦点了餐，就得付账。所以非常不好意思，请您体谅我们的工作，可以吗？"

客人非常爽快，立刻说道："没问题，规定嘛，一定要遵守。"说着就到前台去结了账。

那一天直到午夜，客人才返回酒店。而李京尽管已经下了班，但一直都没有离开。当他得知客人已经回来以后，立刻让厨房将客人的饭菜热好，亲自送到了客人的房间。

客人非常感动，当他离开酒店时，特意找到了酒店的经理，向他描述了此事，并向李京以及酒店表达了自己的谢意。

一年后，李京被破格提拔为酒店的大堂经理。

李京完全可以不去理会这件事，那原本也不是他的工作。但是，当他发现安城处理问题出现瑕疵时，能够做到自主自发，主动将事情接手过来，并处理好，这就叫作有执行力。

当你在为自己的未来努力时，你一定要知道自己该做什么，明确自己的能力，了解自己的权限，知晓自己的责任，不要事事请示，凡事犹豫不决，以致错失了提升成长的大好机会。

▼

要学会找事做，而不是等事做

威尔森是诺基亚公司芬兰总部的研发部技术人员，但是就在诺基亚手机在市场上热销的时候，威尔森却总是愁眉不展，这让他身边的同事感到十分不解，于是有人就跟他开玩笑地说："威尔森先生哪点都好，就是不知足。你看看，就光说咱们研发部吧，只要完成了公司上层下发的研发任务，我们的薪资就会比生产和销售部门高很多，这可是值得高兴的一件事啊！"

另一个人则笑着说："噢，那就是因为工作任务了，就凭我们威尔森的天才头脑，什么难题都能解决。并且这次咱们的研发任务只是改进一下原有的机型，并没有要求设计新产品，怎么能难倒你呢？"

威尔森解释道："我并不是因为工资的问题而发愁，也不是因为工作任务而发愁。我一直在想，怎么才能让公司产品的竞争力更高一些，你说我们整天都坐在研发部的办公室里，除了上面下派的改进机型的任务以外，什么其他的事情都没有。而现在手机市场的竞争非常激烈，我们应该主动做一点工作，让公司的产品能够具备无与伦比的创新能力和竞争能力，这样才能立于不败之地啊。”

“你确定不是在开玩笑？”同事听了之后表态，“现在诺基亚可是世界名牌，无论技术性能还是外形设计，都是领先于其他同类产品的，并且市场已经接受我们的这种模式了，哪里还有创新的空间？”

虽说大家都认为威尔森的想法完全是痴人说梦，但是威尔森依然还是决心要主动去研发一种超越现在已有机型的新产品，让公司能够更上一个新台阶。

从此威尔森在完成正常工作之余，一直都在构思设计一种新的手机，以满足未来消费者的需要。有一次，他在乘坐地铁时发现很多时尚人士都随身携带三样东西，那就是手机、随身听和卡片式相机。这给威尔森带来了灵感，他觉得如果将这三种新科技产品融合在一起的话一定很受人们的欢迎。

第二天，威尔森就将这个设想上报给了主管经理，经理对于这种给手机装上一个摄像头并且能够播放音乐的设想很感兴趣，于是就鼓励威尔森制定设计方案和产品理念。

从此，一种能让消费者在听音乐的同时，还能把自己见到的所有美好事物都拍摄下来再发送给亲友的新型智能手机便应运而生了。在这款手机上市之后，便受到广大消费者的追捧，成了手机市场的新宠儿。

威尔森在诺基亚的这种做事态度是值得我们每个人学习的，想要获得成功，就要学会主动找事做，而不是等事做。

人们习惯用“混”字来总结自己的生活，“混日子”“混口饭吃”“混个文凭”。但是“混”的心态是一种无奈和被动，为什么我们就不能努力一点，不再“混”下去了呢？“混”的日子就像是一部黑白胶片的无声电影，如果我们能够主动找事做、努力去做事的话，生活就会更精彩一些，让死气沉沉的黑白默片升级成3D巨幕电影。

每天都给自己的努力画一个节点

“等明天再说！”这样的话我们随时随处都会听到，它已经成了很多人的口头禅，而“明天”也随之成为很多人懒惰或者不负责任的借口。有些人总是喜欢将不是很急的事情搁置，只要没人催促，甚至会拖上十天半个月，完全可以当天完成的事情经过他们的手后，便会拖拖拉拉，没有结束的一天。

这样的做事习惯即便不会耽误事情的整体进度，也很容易在不经意间遗漏最重要的东西，给自己和整件事情造成不便。

耶曼逊说过：“昨天不能回来，是否有明天还不敢确定，唯一能把握的就是今天。”每一个“明天”都是建立在“今天”的基础上的，而且“明天”还具备着不确定性，所以没有今天的努力，明天的你只会是今天的重复。

在海尔洗衣机海外产品经理崔淑立接手美国市场时，所有曾经负责这一市场的人都说：“拿下A客户非常难！”因为难，所以此前所有产品经理在这方面都是业绩平平。接手之初，崔淑立想过这个问题："真的有这么难吗？"崔淑立当然不愿意相信。一天，崔淑立在刚上班查阅邮件时就看到了A客户发来的要求设计洗衣机新外观的邮件。美国与中国有12小时的时差，崔淑立看到邮件时正是美国的晚上，崔淑立很后悔，如果自己能在美国人下班后再查阅一遍邮件，这样就能即时回复客户的邮件，就不用让客户等一天的时间了！就这样，崔淑立决定以后晚上11点以后再下班，这就意味着，自己可以在美国的上午时间处理完客户的所有信息。

就这样，崔淑立连续三天都能与客户及时沟通，所以项目的进度明显加快，公司的开发部很快完成了洗衣机的外观设计图。在将图样发给客户时，崔淑立要求必须配上设计效果的整机图，以免客户因缺乏整体的概念而影响最终的判断。

邮件发出后，11点多仍旧没有得到客户的回复。大约凌晨1点，崔淑立回到家后立刻打开电脑，当看到客户回复"产品非常有吸引力，这正是美国人喜欢的"时，她顿时高兴得睡意全无。

崔淑立没有因为A客户接受了公司的设计而放弃自己已养成的习惯，她经常常半夜醒来，打开电脑看邮件，可以回复的就即时给客户答复。美国那边的A客户当然了解时差问题，他们完全被崔淑立努力做事的态度打动了，也随之加速推动业务进度，就这样，A客户的第一批订单终于敲定了！

完成了这项合作后，崔淑立越发觉得这样的工作习惯非常有效率，所以她依旧坚持日事日毕，不让工作过夜，即便不是着急的工作，也会每天做出一个新的节点。而这样做也为她赢得了更多的客户订单。

获得客户肯定，其实并不是因为最终的设计师多么有能力，也不是客户那边的要求降低了，而是崔淑立每天都将能解决的问题解决掉，双方的沟通频率大大提升了，获得共识的方面也多了，这样完成最终合作的效率就大大提升了。

每天将事情处理到一个节点处，这是一种高效率的做事习惯，它代表的是一种认真负责的做事态度，也是一种科学的做事方法。我们要想做到这一点，就要懂得主动承担，积极努力地行动起来。“挨一鞭，动一步”的人对事情都只抱着敷衍的态度，看上去很努力，看着每天忙忙碌碌，但是完成事情的质量却无法令人满意。所以，我们不管做什么事情都不要将今天能做完的事情拖延到明天，要当日事当日毕，每天为自己做的事情画一个节点，这样，无论你做什么事情都会觉得轻松许多。

▼

时间是公平的，只是你没有去挤压

大发明家爱迪生在79岁的时候，曾经对朋友说他已经是个135岁的老人了，这是一句幽默的真理、严肃的笑话。爱迪生为什么会这么说呢？那是因为，伟大的爱迪生能将一天“挤”成两天，用一天的时间做完两天的事情。

在瑞士温特图尔钟表博物馆内的古钟上刻着这样一句古老的哲理名言：“如果你跟得上时间的步伐，你就不会默默无闻。”很显然，这句话套用在爱迪生身上，就可以改为：“若你能超越时间的步伐，你就不会默默无闻。”

每个人的一天都是24小时，但总有人能够活出48小时，他们之所以能够如此高效地利用时间，就是因为他们善于挤压时间。也就是说，如果你能在既定的时间内尽可能多地努力做事，提高做事效率，就是在挤压时间。

一家顶级的信息通信产品公司接到了某大型网络公司的大订单，被要求在极短的时间内开发一款第三方网络交互软件。一旦这次的合作获得成功，接下来两家公司将建立长期合作关系。这是千载难逢的机会，公司总裁立即从编程部门抽调了八名优秀的编程人员，即刻投入到新软件的开发当中。

此次工作的重要性不言而喻，研发人员都非常清楚，于是，每一个人都迸发出了巨大的潜力，夜以继日地加班工作，不停地搜集相关资料、分析客户深层次要求、设计软件的组织架构等。结果在很短的时间内，他们就高质量地完成了任务，超越了时间的脚步，创造了工作效率的奇迹。

提高做事效率不仅能够将时间延长到极限，而且能够充分地利用时间做更多的事情。而这一切的关键就在于你对时间是否有更执着的认识和更强力的掌控。人的心理有时候非常奇特，一旦得知一件事在时间上很充足，就会不由自主地变得懈怠，注意力会大幅度降低，做事效率也会随之降低。但一旦卡死时间，明确要求必须在一定时间内完成，那么，我们在主观上就会产生一种自觉能动性，严格要求自己必须在规定时间内完成任务，于是，做事效率会难以想象地一路狂飙！

为了在原有的时间中再挤压出一些时间，采用延长工作时间的方式虽然非常有效，但不能够长期使用，因为这种方法会在短时间内迅速消耗掉大量的精力，负面影响太大。其实，我们还可以采用一些适当的方法，同样也能够实现提高工作效率的目的。

一个国王嫉妒自己治下一个平民的聪明才智，想要出个法子整治他。

一天，国王将这个平民叫进了宫中，对他说道：“在一个同时能烙两张饼的锅中，用三分钟的时间烙好三张饼。”这是条毒计，每一张饼必须烙两面，每一面耗时一分钟，也就是说按部就班地烙下去，最少也需要四分钟。

但是这个平民非常聪明，他立刻想到了一种方法。他开始烙饼后，先烙两张饼，一分钟后，将第一张饼翻面继续烙，再将第二张饼取出放在一边，同时烙上第三张饼；两分钟后，第一张饼已经烙好，拿出来，再将放在一旁的第二张饼重新放进锅里，翻面继续烙，同时将第三张饼翻面继续烙；三分钟后，三张饼都烙好了。这样，国王也就无可奈何了。

挤压时间、提高做事效率的最佳方式是找到合适的做事方法。毕竟，比起耗费大量精力的时间战术，还是找到一个合适的做事方法更持久有效，更能让人轻松地接受。也许，我们注意到了，这种方法最关键之处，就是要找到事情可以叠加进行的地方。就像例子中的平民，他将正常情况下烙第三张饼第二面的时间叠加进了烙前两张饼的过程中去，这样就等于节省了烙一面饼的时间。

这种方法其实在我们的生活当中被使用得相当普遍。比如说，我们在做饭的时候，会先将米饭蒸上，再利用蒸饭的这段时间洗菜、炒菜，这样当米饭熟了的时候，菜也就炒好了。利用这样的叠加方法，哪一样都没有耽误。

挤压时间其实就是这么简单，要么付出比别人更多的时间，要么叠加时间。如此，你每一天都是高效地利用时间，努力做事，在24小时中活出48小时的人生。

▼

凡事有备而来，为自己的成功加码

为了决胜的那一瞬，我们往往要备战很久，因为有太多的问题要在开战前思考，还有太多的工作要在前期准备。或者说，你要知道自己将打一场什么仗。这个简单的问题里包含的内容很多。

你不仅要明确自己将做的事情是什么，更要了解自己目前与目标的差距，还要了解自己需要付出怎样的努力才能实现目标。当然，在分析、了解的过程中，你也需要看清楚自身的优势和劣势，然后加以斟酌，如果事情切实可行，就努力做好一切准备，掌握更多的知识，了解更多的信息与动态变化，不断地尝试，不断地提升自我。

某电视台在新的一年准备推陈出新，对现有的节目编排重新规划。因为找不到方向，台里的几位领导一连好几天夜不能寐。台里的一位新员工小玲曾经在英国留学，在英国电视圈内有不少认识的人，对英国品牌节目有非常深入的了解。她在回国前就曾接触过一档在英国本土收视率非常高的综艺节目，知道那个节目的制作人也非常希望能够拓展中国市场。小玲觉得台里的这次改革恰好是个机会，自己如能顺利促成这次合作，一定能够脱颖而出。后来小玲果然促成了此事，她本人也因此得到了领导的高度重视。

没过多久，台里一档播出七年的老节目面临重新改版，这是一个烫手的山芋，因为大家都知道老节目改版，效果不一定好，所以这个活很可能费力不讨好。小玲却偏偏申请接手这个工作，她在做了大量的调查之后，果断地确立了改版计划，结果一举成功。

这一年，小玲主持引进和改版的两档节目分别名列该电视台收视率排行榜的第一和第二。打了这两场漂亮仗，小玲在年终的时候终于得到了晋升。

总之，备战工作至关重要，要想不输在起跑线上，就得在站到起跑线之前做好一切准备。只有如此，当一声令下时，你才能从容不迫地冲在最前面。

有备而来还需要你了解自己的长处，明确自己与其他人的差距，这样你才足以在激烈的竞争中创造制胜的机会。

一家建筑公司要提拔一位副总，吴汉和肖明都被公司列为候选人。两个人各有优势，吴汉是公司的老员工，能力非常出众。肖明资历浅一些，无论是经验，还是能力都稍逊吴汉一筹，但是，从为人处世的角度上考虑，肖明显然更好一些。吴汉性格急躁、脾气火爆，遇到事情只会用吼的方式来解决，这让其他同事非常不满，但碍于他资历老、业务能力强，大家也就没说什么。而肖明在这点上就明显不同，肖明性格好、善沟通，非常有亲和力，人缘特别好，公司无论有什么事交给肖明办，大家都会很乐意地协助他。

肖明知道公司本阶段的主要任务是提升员工们的业务能力，所以自己并不占优势，于是，他没有试图用一次对决就分出最终胜负。

当公司任命吴汉为副总之后，肖明比以往更加努力地工作，在提高业务能力的同时，更加注重经营人际关系，稳扎稳打地强化自己的交际能力。

渐渐地，这场博弈的天平开始向肖明倾斜。由于吴汉脾气太过急躁，工作推进起来实在冒进，完全没有考虑到员工们的实际感受，在公司内部招致了普遍的不满，工作也就推行不下去了。而与此同时，因为肖明更加卖力地积聚人气，所以公司内绝大部分的员工都强烈表示支持肖明。

很快，肖明的巨大声望传到了公司上层领导的耳朵里，领导这才意识到肖明的优势可能更有利于这项工作的推行，于是再一次做出了人事调整，设立了一个总工程师的职位，让吴汉担任，由他专管技术；同时升任肖明为公司副总，全面掌管公司的日常经营和管理。

无论何事，胜负都不急于一时，如果你足够优秀，足够努力，时间会证明一切，所以不必操之过急，只需静静地、持续地为成功做准备，成功自然水到渠成。

07

Zuoyige
Wuketidai De Ziji

做一个
无可替代的自己

有没有前程，取决于你自己

美好的前程，对于每个人都有着极大的诱惑力。如何获得一个美好的前程，也是很多人关注的问题。关于这个问题，人们做出了许多解释，有人认为决定于工作环境，也有人认为决定于职业规划，如此等等，大多是外在因素。我们不能忽视这些因素的重要性，但它们都不是关键因素。一个人有没有前程，关键的因素在于他自己。

李静雯硕士毕业后在某大型贸易公司的项目部任职。项目部是该公司的核心部门，李静雯在此部门任职，觉得这是公司对自己能力的认可，并认为自己能在该公司获得一个美好的前程。

刘思琪也是该公司的一名员工，与李静雯相比，她要显得平凡很多。她的学历没有李静雯高，任职部门是客服部，而客服部与项目部在公司的地位不可同日而语。虽然李静雯几乎与刘思琪同时期入职，但李静雯似乎看不起刘思琪，总认为客服部不过是给项目部打杂的。带着这种优越感，李静雯在工作上并不十分投入。此外，她还自视甚高，很少主动与其他同事沟通。

刘思琪与李静雯不同，她虽然“出身”要比李静雯平凡许多，但她在工作中极其投入，即使是一些细小的工作，她都做得十分周全。遇到一些不懂的问题，她也会虚心求教。

时间一久，公司对于她们二人的态度就发生了明显的变化。李静雯因为工作不积极，没有在工作中发挥应有的价值，遭到了公司的批评。刘思琪因为工作积极，在平凡的岗位上表现出过人的才干，被提拔为总经理助理。

升职之后，刘思琪在工作上更加投入，还利用业余时间给自己充电。她知道，职位越高，责任越大，对于能力的要求也越高。相比刘思琪，李静雯则表现出一副愤恨不满的样子，认为公司没有正视她的才能。对于刘思琪的高升，她认为是运气，并认为刘思琪资质有限，不可能有更大的发展空间。

一年后，人事部的一位主管辞职。刘思琪因担任总经理助理，经常协调各部门的工作，且工作能力出众，被认为是不二人选，补上了这个职位的空缺。两年后，她又被提任为人力资源部门的总监。在三年多的时间里，刘思琪实现了从一名普通员工到公司高层管理者的飞越。同样是三年多的时间，李静雯却仍在项目部供职，并逐步处于被遗忘的位置。

一个人能否拥有美好的前程，主要取决于他自己。只要他能积极努力，把事情做得尽善尽美，并不断提升自己，他的前途就是一片光明的。相反，如果一个人总是消极懈怠，不能体现出自己的价值，而且又不思进取，其前途就注定是黯淡无光的。

自助者天助之，自弃者天弃之。因为学历、资历、人脉、机遇等因素，我们或许无法决定我们的工作环境。但只要我们能自强不息，不断提高自己、超越自己，我们的未来就会一片光明。我们决定不了开始，但却能把握结局。

林欣与陈中一起到一家律师事务所面试。林欣毕业于某知名大学的法学院，成绩优异，能力出众，在校期间就曾经多次随老师参加司法实践，有着非常扎实的理论和实践基础。而陈中则是一所普通大专院校毕业的法专学生，资质平平，成绩一般，司法实践也参加得不是很多。

相较之下，林欣觉得自己胜出的可能性非常大，谁知，事务所竟然将两个人都留下了，并安排她们两个都从基础的律师助理开始做起。林欣有点不理解，她认为无论是学识，还是能力，甚至包括经验，自己都远胜陈中，可为什么自己却要和陈中处在同一级别，去做相同的工作。

林欣的这种不服气，开始影响到她的工作。自从她跟陈中一起工作后，她就开始无精打采、事事拖沓，原本凭她的实力能够轻松解决的事情，现在久拖不决，严重地影响了工作效率。

反观陈中，自从进了这家律师事务所，她每天都笑容满面，精神百倍地投入工作，在很短的时间内进步很快，理论和实践能力都有了明显的提高，甚至能够独当一面，代表律所单独地处理一些问题。

有一次，在代理一件案子的过程中，林欣险些犯了大错，幸好陈中及时补救了回来。事后，林欣好好地做了反省，她知道自己的实力虽然强过陈中很多，但是自己太情绪化，天天沉浸在负面情绪里，再好的实力也发挥不出来。于是，她调整了状态，开始与陈中紧密合作，两年后，林欣成为了律师事务所的金牌律师，而陈中也成了她的金牌助理。

坏情绪是让人不能正常发挥实力的绊脚石，所以，如果想成为一个无可替代的人，一定不要被坏情绪左右，要展现出自己的真实实力。

▼

才德兼修的你
更值得托付

一家杂志社的广告部经理接了个房产广告，需要找记者给对方公司老总写专访，杂志社的主编想到了形象还不错的小美，他随口说了一句，没想到遭到了广告部经理的大力反对。广告部经理不仅连连说不行，还跟主编诉苦道："上次让她去采访一位老总，写出来的稿子我们直接扔了，连改都没法改，又换了其他人去做的，对方老总知道后，非常生气，害得我们差点丢单。"

主编有点不敢相信，说："我看过她的文字，还不错，怎么会这样？"广告部经理说："她上次正好失恋了，天天情绪低落，心思压根不在工作上。反正这事儿不能用她，她发挥太不稳定。万一又赶上失恋呢，我可不想让这个广告黄了。"

广告部经理指派了一位刚转正没多久的小伙子去，没想到小伙子跟房产老总聊得很投机，不仅将软文写得很精彩，还跟房产老总谈了一笔团购。就房产老总那个项目，他给大家拿到了内部价，有的同事跟着买了，一套房省了好几万。

这个世界上就是有这样的人，无论什么时候交给他一件事，他都能用自身强大的能力将事情做好。这样的人不仅能激发人们内心深处的认同感，更能使人们心甘情愿地追随和效仿。

什么样的人会这样值得托付呢？为了更加直观，我们不妨从小说中了解一下人们心目中的精神领袖是什么样子。无外乎文韬武略，无一不精，无所不通；此外，还要品德高尚，上善若水，厚德载物。从小说夸张的人物设定中不难发现人们普遍存在的一种审美价值取向，那就是尽量将人们能想到和想不到的所有优秀素质都集中到一个人身上，而只有这样的高素质集合体，才能赢得人们的好感，吸引和凝聚身边的人。

所以，我们即使做不到拥有小说主角那样的才德兼修，也要尽可能多地提升我们自己。你的综合素质越高，魅力就越大，感召力就越大，从而吸引和凝聚到身边的人也就越多。那么，怎么才能做到德才兼备呢？首先就是才，才是一种技能的体现。

小王和小金同时进入某机关工作。其中，小王是某知名大学毕业的高才生，成绩优异、德行出众、办事干练、机灵活泼。而小金则资质平庸，平平常常。小王很想尽早与同事们打成一片，但尝试几次之后，发现同事对自己的态度非常冷淡，小王觉得很奇怪，但又找不到原因。

一个偶然的机会，小王听到了同事之间的议论。

“小王总是有意无意地跟我套近乎，我知道他是想跟我学点什么！”

“其实这小伙子挺好的，不过临近考核，咱们哪有时间管他呀。”

“就是，这次考核只有一个晋升名额，听说已经内定为金处长的侄子了，咱们与其在小王那瞎耽误工夫，还不如去跟金处长的侄子套套关系。”

他们口中的金处长的侄子就是和小王一同实习的小金，他懒惰散漫，整天不务正业，还一身的少爷毛病。

小王知道，同事的态度说明了一个问题，如果自己无所建树，便不会有人正视自己，所以无论考核结果是不是内定，自己都要通过考核证明实力。于是，小王变得更加努力，平时多看、多做、多学习，即使到了节假日，他也没有松懈，坚持参加各种培训班来全面提高技能。于是，在很短时间内，小王迅速成长，不断地刷新业绩，成为了业务尖子。

这样一来，小王的处境有了翻天覆地的变化，不仅得到了领导的赏识，就连之前一直排斥他的同事此时也都频繁地向他示好。考核结束后，小王顺利胜出，击败了那位金处长的侄子，成功晋升。

没有过硬的专业技能，人们便不会被你吸引，甚至不会注意到你。只有努力提升自己的实力，成为强者，人们才会自动自发地向你靠拢，成为你的“精神信徒”。

除了才之外就是德了。有才无德，人们更多的是惧怕你、巴结你，而不是真心实意地受你感召。而只有你在具备才华的同时，德行出众，人们才会被你的高尚品德所折服。

小林进公司没多久就备受瞩目，人气爆棚。之所以会这样，全赖小林本身的超高素质。

小林是某著名大学的高才生，才学过人，工作后虚心好学，成长非常迅速，不到两个月就能够熟练地掌握各项业务。

更难得的是，小林总是默默地做着好事。他总是第一个到公司打扫办公室，经常帮别人代收快递，在别人忙碌的时候帮忙打印资料，在别人困倦的时候帮忙冲杯咖啡，去超市时总会帮别人带东西……

有同事不太理解，问她究竟图些什么，小林总是笑着回答：“这不过是些小事，举手之劳而已。”

小林做了好事还如此低调谦虚，这让公司的同事印象深刻，赞美也纷至沓来。

后来，小林的好口碑也传到了公司领导的耳朵里，于是，在最新的人事调整中，小林被破格晋升，成为公司着力培养的重点人才。任命公布后，公司上下竟奇迹般地一致赞同。

对于其他同事来说，小林的言行无疑是一次久违的心灵洗礼，无论何时，人们都会感叹和高度认同这种“为人民服务”的高尚情操。

一个人只有兼备才、德，才能成为众人瞩目的焦点，因此，你要不断地努力，不断地修炼自己，提升自己，才更值得别人托付。

技能不怕多，会得越多路越宽

韩艺是企业管理专业的学生，毕业后进入一家大型企业的市场部工作，说是让他从事管理工作，但实际做的大都是市场方面的工作。尽管工作不是十分对口，但韩艺非常珍惜这次工作机会，积极上进，努力工作，一干就是五年。在这五年中，他没有更换过岗位，没有得到过晋升，但他学到了很多为人处世的方法，积累了大量宝贵的工作经验，并利用工作之余努力钻研业务知识，提升自我能力。

终于，公司内部进行了一次人事调整，韩艺被直接任命为市场部经理。多年来不断积累的工作经验和技能如今派上了用场，所以，他能够很好地胜任这份工作，并成绩斐然。

做专业不对口的工作，在韩艺看来并不是机遇不好，而是一次难得的机会，所以韩艺很自然地努力干好交给自己的工作，并在工作中不断成长、不断进步，他如此珍惜工作机会，自然也获得了相应的回报。

一位跨国集团总裁的秘书既能熟练使用英文，又同时会说法语，甚至还能无障碍地用日语进行沟通，懂行政、了解人力资源管理，同时对公司的专营业务也有基本的了解。这样的一个人，即使不再做总裁的秘书，也可以做翻译、记者、外文编辑，或是人力管理咨询师、行政专员，抑或是企业高管。

这种技能多的人才跨领域、跨专业，会得多，懂得多，能力无与伦比，可以选择的路也会更宽一些。

21世纪是一个人才大爆炸的时期，因此，当今社会最不缺的就是人才。而就目前的情况看，人才基本上可以划分为两类，一类指的是专才，另一类指的就是上面说的技能多的人才。现在的人才大多为专才，也就是精通一个领域的人才。不过，现在的一专之才数量不少，竞争激烈，所以，想要在当今社会脱颖而出，更上一层楼，最好能像前文中提到的那位秘书一样，掌握多项技能。无论社会的竞争如何激烈，技能多的人才都能屹立不倒。

李青是一家杂志社的“社宝级”编辑，因为李青具备的才能所涉及的范围非常广。她文笔很好，专门负责杂志的原创部分；英文能力突出，外文投稿一般都是由她来翻译；有很强的音乐鉴赏能力，所以时常帮助音乐版块的编辑筛选每一期的主打音乐；绘画功底也不错，紧急的时候时常被叫去帮忙画插画；此外，李青还自学过图文设计，她所设计的封面连社里专门负责设计的同事都赞叹不已。

杂志社经过了很多次人事调整，社里的编辑来来去去，换了好几茬，但是李青一直都享受着最高的薪金待遇，屹立不倒。

李青除了写原创文的本职工作之外，还兼职翻译外文稿件、鉴赏音乐、画插画、设计封面，这些对她的本职工作有很大的帮助，让她成为杂志社不可或缺的人才。

历史证明，凡是技能多的人才都是时代的先锋，都是上帝的宠儿，这是因为，在这个领域内有他的身影；换一个领域，也有；再换一个，还有；再换一个，依然有……

达·芬奇是画家吗？是的，他的画作经久传世；

他是建筑学家吗？是的，他设计过桥梁、城市建筑和教堂；

他是天文学家吗？是的，他认为月亮是反射太阳光的；

他是物理学家吗？是的，他率先进行物体摩擦研究，发现了惯性原理，预示了原子原理；

他是机械专家吗？是的，他的研究遍及水下呼吸装置、拉动装置、发条传动装置、滚珠装置、反向螺旋、差动螺旋、风速计、陀螺仪、密码筒和机械人等；

他是医学家吗？是的，他最早发现血液的新陈代谢功能，并画出了心脏结构图；

他是考古学家吗？是的，他进行过生物遗骸及遗迹化石的研究；

他是军事家吗？是的，他发明了簧轮枪、子母弹、三管大炮、坦克车、浮动雪鞋、潜水服及潜水艇、双层船壳战舰、滑翔机、扑翼飞机和直升机、旋转浮桥等军事装备；

他是水利专家吗？是的，他设计并主持修建了米兰至帕维亚的运河灌溉工程，还建造过一些水库、水闸和拦水坝；

他是地质学家吗？是的，他根据化石推测过地壳的变动，并计算出地球的直径为7000余英里。

这就是技能多的人才所表现出的惊人能力，如果你也能有这般能力，那你无论到了哪里，都将成为当之无愧的珍宝。所以，为了自己能拼出更广阔的一片天地，不妨在业余时间多学一门技能，努力掌握一项技能，这或许能成为你能否在平凡生活中脱颖而出、进步非凡的关键。

存在感
不一定是锋芒毕露

你是否认识这样的人？他喜欢在朋友圈里到处点赞，东评论一句西评论一句，对时政新闻发表一些独到的见解，让大家觉得他很有存在感？有时候你的一句评论，他也会跟在后面发表一通跟你很交心的鸡汤。于是，你觉得他是个不错的人，可是当你有事真正联系他时，他可能连发个笑脸、回复一个“嗯”的时间都没有了，他开始变得很忙，让你再也找不着。

这样的人并不少见，但是他们更在意的是自己所谓的“存在感”。而真正有存在感的人，反而不会刻意去强调自己的存在感，他的出现，永远恰到好处。

就好比在一个团队中，每一个人都尽职尽责，在自己的岗位上努力做到最好，以完善团队协作的每一个环节，发挥团队合作的最大效用。但仅是做到尽职尽责就够了吗？答案显然是否定的。

足球比赛中，每个队员都被安排了相应的位置，但并不是只有前锋会选择时机射门，所有的队员，只要有合适的时机，都会随时补位去射门，这样的存在感才锋芒毕露。如果只有前锋射门，无疑会让一个足球队损失多名射手，一场比赛失败的可能性也就随之猛增。

足球比赛如此，任何一个团队也应该如此。作为团队中的一员，除了要在自己的工作上尽职尽责之外，还要查漏补缺，以维护团队的整体利益。如果团队中的其他成员在工作中出现错漏、缺职等情况，也应主动伸出援手，给予及时的帮助。

然而，我们也常常会听到一些人抱怨："这个项目不是我负责的，为什么让我去做？""我还有自己的工作要做，怎么会有时间去管别人的事？"……从职责的角度出发，让人在做本职工作之余，还要兼顾团队中的其他事务，的确会增加个人的负担。但如果你只看到了自己的多付出，却无视整个团队的利益，那你反而会遭到团队的排斥。

一天中午，当大部分员工都离开公司外出就餐时，公司的运输部门运来了一批货物，因为运输部人手不足，便到办公室向其他部门的员工求助。此时办公室内只有几个人在，大家得知需要搬运货物时，都停下手头的工作下楼帮忙。

李萌平日的工作只是负责收发、传送文件，但是无论谁需要帮忙，她都很热情，遇到这样的事情她更是积极，于是她挨个部门去招呼大家下楼帮忙。看到财务部的刘楠依旧坐着不动，李萌对她说："一起下楼帮忙吧！"

刘楠平日里工作热情很足，在同事面前也总是刷存在感，可李萌没想到她此时头也不抬地说了句："我来公司是做财务工作的，不是来当搬运工的！"听了刘楠的话，李萌也不好再说什么，就自己下楼帮忙去了。而刘楠的这句话恰好被站在门口的公司主管听到了。

没多久，刘楠因为一点失误而被领导解雇。刘楠离职前，公司的主管对她说："公司需要的是热爱工作团队、能将工作团队中的任何事情都当成自己的事情去做的员工，并不需要一个有能力却没有团队精神的员工！"

反观李萌，她因为热心肠，总是被同事们"呼来喊去"。"李萌，我还没准备好资料，你先帮我接待下那位客户"，"李萌，帮忙打印一下这份文件吧，我实在太忙了"……在别人需要帮助的时候，李萌都热情地伸出了援手。因为李萌的热心肠，她接触的东西越来越多，各方面的能力都有所提升，整个工作团队因为她的存在而变得更有活力。

李萌的表现被公司的主管记在心里。一段时间之后，有一个秘书的岗位空缺，公司经理征求主管的意见，主管提出，与其向外界招聘，不如在公司内部提拔，李萌在日常的工作中表现积极，完全有能力胜任这份工作。就这样，李萌最终获得了晋升。

刘楠总觉得“一个萝卜一个坑”，将自己的本职工作做得优秀了，就会自带存在感。可是在整个团队中，自己尽职尽责做好自己的工作只是本分，能帮忙别人处理别的“坑”里的事，才是真正地会有存在感。

所以，刘楠的行为在大家眼中是一种无视工作团队利益的表现，自然得不到团队的认可。而李萌能将整个工作团队的大事小情都视为已任，维护了整个工作团队的利益，自然也会得到工作团队的认可和嘉奖。

存在感，不是刷出来的，也不是说出来的。有存在感，未必需要个性锋芒毕露，也不需要能力锋芒毕露。有时候，你出现得及时就是一种锋芒毕露，你让人在忙碌无助时想起你也是一种无形的存在感。所以，真心去做事，真心与人相处，真心关照别人，你会得到恰到好处的存在感。

越是关键时刻，越要高调坚持

我们都知道，真理只有一个，而真理的标准从来不以人的意志为转移。很多时候，真理掌握在少数人的手中，可这少数人面对的是多数人的反对。那么如果是你，你是宁愿与多数人站在一起，坚持错误的论调，还是坚定地做一个少数派，为真理而战？

某医院新来了一批护士，其中有一个名叫晶晶的护士，虽然看上去很普通，但是她业务能力出众，做事认真，为人也非常正直。

有一次，医院一位非常著名的外科医生为一位患者做手术，手术进行得很顺利，但在最后准备缝合时，参加手术的晶晶突然发现还有一块止血棉没有取出。如果真的将手术器材落在了患者体内，后果是非常严重的！主刀医生坚持认为所有的止血棉都已经拿出来了，并且目光严厉地扫过在场的每一个医护人员，询问他们的意见。这是医院最负盛名的医生，他说的话往往没有人敢反驳，所以大家纷纷表示赞同医生的意见。只有晶晶依旧坚持自己的意见，她相信自己记录的止血棉的使用数量不会有错。

见主刀医生无视她的反对，准备继续缝合时，晶晶严肃地说：“您不能这样做！现在少了一块止血棉，很可能被留在了患者体内，这是要出医疗事故的！”

现场的气氛紧张到了极点，突然，主刀医生笑了，只见他从角落里拿出了一块止血棉，说：“你做得非常好，能够坚持原则。我们医护工作者就是要无条件地坚持真理，任何时候都不能妥协。因为我们要对患者的生命负责。”

有人的地方，爆发争论是再正常不过的，因为人们不可能总是观点一致，但一些感性的事情究竟应该怎样会因人而异，而原则性的问题永远只有一个答案。所以，如果在你明确了解事情及处理方式的情况下，你就必须坚持真理，哪怕像晶晶一样，只有你孤单一人在坚持。

当然，晶晶遇到的问题是原则性问题，如果是寻常小事或见仁见智的问题，你就不必执着，该妥协时就妥协，毕竟每个人对事情的预期是不同的，只要你能够在关键时刻足够理智就好。

凡事别钻了牛角尖

陈铭才进公司两个月，大家就普遍认为他不好相处，而陈铭自己也是痛苦不堪，一直在考虑辞职的事情。之所以会这样，就是因为陈铭是一个特别爱钻牛角尖的人。

陈铭不懂人情世故，对原则有着几乎偏执的坚持。比如，复印工作按规定由行政部门负责，凡大批量的文件都要集中拿到行政部统一复印，但如果文件只有一两页，且急等着用，可以自己去复印。但是，陈铭每一次都让行政部来复印。有一次，陈铭要求行政部复印一份文件，当时行政秘书正在复印一份急等着用的文件，实在没有多余的时间。行政秘书一看陈铭这份文件只有一页纸，就让他自己印一下。可是陈铭却说："为什么我要自己印！这不是你们的工作吗？就应该你们印。"结果行政秘书气坏了，差点吵了起来。

陈铭待人行事斤斤计较，不懂宽容。例如，有一次陈铭倒好了感冒冲剂，准备加开水，但水还没有烧开，于是他将杯子放到了开水间。等水烧开后，同事帮陈铭倒上了水。等陈铭回到开水间，一见自己的杯子，立即大叫着水倒多了。同事为此特意道了歉，可陈铭还是不依不饶：“杯子放在这里，我又没让你帮我倒水，你为什么非要帮我倒水呢！你做事真不讲究！”幸亏那位同事脾气好，否则又得大吵一架。

陈铭对工作古板得近乎死心眼，严重影响了工作的进度。陈铭是公司设计部的服装设计师，参与了设计部新一季的服装设计工作。结果，因为系列中某一款衣服腰带的材质问题，陈铭与同事意见相左。陈铭坚持选用价格昂贵的材料，但同事考虑了市场因素，希望能够压低整套服装的成本。可陈铭坚持己见，完全不妥协。于是，新一季服装就因为一根腰带被卡了很久。

除此之外，陈铭还爱在很多事情上钻牛角尖，钻进去就拔不出来，不但弄得他自己整天气呼呼的，而且整个公司天天都被低气压笼罩着，随时都可能来一场暴风雨。

生活中的很多事情说不清楚，或者说根本不需要说清楚，圆润一点，灵活一点，事情就能解决了。可往往就是因为有人爱钻牛角尖，不但致使事情迟迟得不到解决，还搞得参与者都被气得咬牙切齿，整个集体的气氛都被折腾得一团糟。那么，不要说圆满做事了，就连正常做事都做不到。所以，千万别做钻牛角尖那般损人不利己的事情。

明着提意见，不要背后恶意诋毁

背后说话，无论好坏，都要冒风险的。因为这世上没有秘密，无论多么私密的话，都会像风一样传遍它能到达的每一个角落。

赵静是一名服装设计师，她在一家服装公司的研发部任副主管，她的主管资质平庸，还有点贪功的毛病。公司每一次推出新装系列，其实大多都是出自赵静的理念，但是最后的功劳却总是被冠到主管头上，赵静对此非常不满。

知情的同事为赵静鸣不平，怂恿她暗中将主管贪功的事情散布出去，或者干脆就说主管抄袭，让全公司都知道这件丑事！

但是，赵静不但没有听从同事的建议，反而让同事为自己的事情保密，千万不要暗中说三道四的，免得传出闲话。

有一天，她在和一位客户协商服装细节问题时，客户说道："这款服装已经经过你们主管的修改，怎么问题还这么大？"

赵静赶忙说道："噢，实在对不起您，上次主管交代我进行修改，是我没有领会主管的意思，致使修改没有到位，非常抱歉，耽误您时间了。”

客户笑了笑，继续道：“噢，没关系，改过来就好了，这样的修改我很满意。”

送走了客户，赵静找到了主管，将事情完整地叙述了一遍，并阐述了自己的修改方案。然后，她婉转地说道：“主管，您是前辈，我很尊敬您，也无意怀疑您的能力，只是，您太忙了，与客户接洽的时间不够多，可能不甚了解客户的意见，在这一点上，作为您的下属，我全力支援您是应该的。”

主管当然听懂了赵静的意思，对赵静的直言坦诚，主管很是意外，也深有触动，她当即表示接受赵静的意见。之后，两人再无间隙，每有项目，主管都会仔细询问赵静的意见，并常常让赵静代表研发部全权行事。

两年后，赵静升任研发部主管，而主管也被调到总部任职。但两人的关系并没有因此中断，每逢公司有重大决策，曾经的主管都会尽可能地为赵静及整个研发部争取到更大的自主权。

当面直言其实就是一种真诚的坦白，它比那些当面逢迎、背地却恶意诋毁的行为不知道要高尚多少倍！因为赵静能够当面把话说清楚，而不是背后诋毁，所以，主管才能够了解赵静正直的为人，也能够由彼及此，反省自己的错误。这样，两个人都从这次直言坦白中加深了对彼此的了解，从而进一步发展了牢固的合作关系。

因此，如果你对某件事或某个人有意见，并且问题已经严重到影响工作正常进行的状态了，你就不要有所顾虑了，明确地提出意见，用这种最明智的方式表达意见，可以体现你所持意见的正当性，千万不要背后说别人的坏话。你要知道，就是这种偷偷摸摸的行为，让你原本有价值的意见变成了卑劣的恶意诋毁，最后于己于人，都不会有好结果。

追随着强者的脚步向前

中国传统文化要求年轻人对人要一视同仁，不能有“三五九等”之分。不过，人与人之间终究还是有明显不同的，体现出来的资源优势也是有差别的，一视同仁往往会令我们忽视掉这种客观存在的差别，筛选不出对我们真正有用的人脉资源。

所以，对人，不能分等，但还是要分类的，至少要按照能力的强弱将强者甄别出来。这样做并不是要求我们屏蔽掉强者以外的人，而是在尊重每一个人的基础上，得到来自强者最有利的影响与帮助。

银行业是非常注重资历和经验的，所以能在其中担任要职的往往是老成持重的人。但有一位年轻人只用了不到十年的时间就登上了“金字塔尖”，成为了银行家。他的成功秘诀让很多人好奇，一位作家从年轻的银行家那里问出了关键。

在年轻的银行家上大学四年级的时候，一位已经退休的老银行家去他们学校做讲座。他在临别时对学生们说：“如果有什么需要我帮忙的地方，欢迎打电话给我。”在别人看来，这只不过是客套话，但他却引起了那个年轻的银行家的注意。他即将踏入银行业，急需一位前辈给自己一些建议。他很怕会碰钉子，毕竟那位老银行家是个杰出的成功人士，而自己只不过是个即将毕业的大学生而已。但最终，他还是鼓起勇气拿起了电话。

结果，老银行家非常友善，甚至邀请他去面谈。他从老银行家那里得到很多建议，包括应该选择什么样的银行工作，该怎样向别人推荐自己等。

后来，他一直与老银行家保持着良好的关系。两个人每周都会通电话，每个月至少一起吃一次午餐。虽然老银行家并没有凭自己的关系出面帮他解决过问题，但是从老银行家那里，他了解了该如何解决银行里的各种问题。

这就是强者！他们拥有常人难以想象的惊人力量！你追随他们，会得到很多实质的帮助。

强者的影响是潜移默化的，同时强者能够提供给你的帮助也是实实在在的。与那些不但与人无助，还自怨自艾的人相比，你追随强者所得到的好处当然更多。

曾有中美两位企业家聊过这样一个话题：假设比尔·盖茨介绍一个年轻人到你的公司工作，你会怎么想呢？中方企业家会说：“世界首富介绍来的人，我不雇用他，不是太不给人家面子了吗？”美方企业家同样不会拒绝，但他的想法是：“微软公司老板介绍来的人，素质一定是不错的，一定要留下来！”无论你承认与否，这就是强者所散发的无形力量。

好莱坞曾经流行这样一句话：“一个人能否成功，不在于你是谁，而在于你认识谁。”强者的力量超乎你的想象。这个社会是一个谁都能够成功的社会，关键就看你怎么做，怎么去努力。现实生活中，人与人之所以差距如此之大，关键就在人际关系上，毕竟不够强大的你力量是有限的。

有名人效应可用时，为什么不用？

一只蝴蝶的平均寿命是一个月，如果它想从南京飞去北京，需要六个月。它怎么才能实现这个愿望呢？答案就是先飞到一列由南京开往北京的列车上。利用列车这个载体，蝴蝶的梦想就能轻而易举地实现了。在谋求晋升的过程中，势单力薄的你要想凭借自身的力量，坐上那个心仪的位置，可能要经历一个漫长的过程。但是，如果能像蝴蝶一样，挂靠一个有着强大实力的载体，就能极大地缩短奋斗进程。而对个人而言，这个载体就是名人。

你之所以需要名人的帮助，是因为名人的影响力大得超乎你的想象。美国影星克拉克·盖博在电影中一个脱掉衬衫后的赤膊镜头，就使得美国贴身内衣的销售量急剧下降；英国戴安娜王妃穿起了平底鞋，英国市场上的高跟鞋就无人问津了……名人的影响力可见一斑。人们对名人和权威总是有着超乎寻常的崇拜和信任，所以，如果你能够借助名人的声望为自己造势铺路时，不要犹豫，这不是投机取巧，而是一种变通的努力方式。

杜冰留学回来，进入家乡一家有名的服装公司，成了该公司设计部一名普通的服装设计师。她很有才华，又有留学经历，曾经在美国一所著名的设计学院学习，且成绩优异。但杜冰毕竟是一个新人，而她的顶头上司——设计部主管，是业界的资深服装设计师。这位业界元老根本就不把她这个新人放在眼里。所以，杜冰的设计一直得不到重视，她的事业也迟迟不能起步，这令她非常苦恼。

在一次高中同学会上，杜冰大吐苦水，抱怨自己发展不顺。一个同学知道后，告诉她自己有个亲戚是某位明星的化妆师，也许可以从这个门路想想办法。后来，那位同学的亲戚果然将杜冰引荐给这位明星。寒暄过后，杜冰从包里拿出自己的设计图，对明星说："我是您的粉丝，同时也是一名服装设计师。为了表达我对您的崇拜之情，我为您设计了一款衣服，希望您能喜欢。"明星接过杜冰的设计图，只看了一眼，就兴奋地说道："真是太漂亮了！这款衣服可以用在我的演唱会上。我需要与你长谈一下，你有时间吗？"杜冰当然是忙不迭地答应了。

没过多久，杜冰设计的衣服就出现在了这位大明星的演唱会上。这在杜冰公司引起了轰动，公司上层更是纷纷约见杜冰，并且越级提升杜冰为设计部副主管。对此，设计部主管也不能再说什么，因为杜冰已经成为公司领导面前的红人了。

可见，一旦利用了名人的巨大声望，你的努力就更容易被人看到，你的努力就更容易被人接纳了。所以，当你有名人效应可用时，为什么不用呢？

有人会想，我只是普通人，怎么会有机会与名人有交集呢？接触名人并不难，只要你努力去做，万事都是有突破口的。

平时，名人距离我们很遥远，很难与其产生交集，但在某些特殊时刻，名人与我们的距离会非常近，这就是你利用名人声望的好机会。而这样的机会越多，对你越有利，所以，你要尽量挖掘与名人产生交集的机会，比如歌星的演唱会、作家的签售会、画家的展览会、演员的新片发布会等。

得到名人的留意越多，利用名人的效果越明显。怎样才能证明名人对你非常留意呢？无外乎以下几种方式，比如名人签名、题词、作序、合影、寄语等。其中，与名人留影就比仅仅得到名人签名要更有分量。

名人效应只是你努力的一个台阶，一切还是要靠你自己，所以不要过重看重名人效应，当你没有任何能力时，再有名气的名人也无法将你托起，而当你足够优秀时，利用名人效应又有什么不好意思的呢？

08

Nuli
Yeshi Weile Bu Gufu

努力，
也是为了不辜负

在一起，不是为了不寂寞

大部分年轻人的生活现实是：离乡背井，孤身一人到一个陌生的大城市开辟事业，寻找自己想要的生活，身边没有亲人的照拂，也缺乏朋友的支持，没有可以歇息的避风港。这些情况汇结在一起，就是一个词——寂寞。

所以，年轻人很希望能够寻找到一个愿意听自己倾诉苦恼、愿意帮助自己、愿意支持自己、愿意照顾安慰自己、愿意与自己一同在这座陌生的城市奋斗下去、生存下去的人，然后以爱之名，将他（她）与自己拴在一起。

这就是在现实的压迫下，年轻人对爱的真实理解。这很可悲，爱已经成为排解寂寞最直接的理由和最方便的手段了。所以，所谓灵魂另一半的恋人，也不过就是充当生活另一半的伴儿而已。在这样的关系中，两个人都不曾为爱付出一丁点的努力，只是为了自己在习惯着，任性着。

李欣已经25岁了，还是一个单身姑娘，眼见身边的朋友都相继成家立业了，她也觉得自己不能再继续单下去了。在一次朋友聚会上，李欣认识了程明，程明也是单身，两人一见如故，相谈甚欢。

后来，程明提出要与李欣交往，发展为恋人关系，李欣便同意了。不过，确定了恋人关系的两个人反倒不如刚见面时热络了。两个人每天都相约固定时间见面、吃饭，吃饭完后各自回家，除此之外，再无任何活动。

有一次，李欣提出想去看场电影，程明以工作太忙为由拒绝了。没过两天，程明说自己有了点儿时间，让李欣陪自己去散步，李欣当时正忙，便直接回绝了。

两人就这样各忙各的，有时间就在一起，没有时间就各干各的。后来，李欣的一个同学见她这种情况，就直言不讳道："你这根本不叫恋爱，你们俩算恋人吗？顶多就算个伴儿！"

吃饭及自己不忙的时候，程明才想起去找李欣，这不叫爱，这只能称是一种需要，一种在自己寂寞时能够填补空虚内心的一种填充物。对程明和李欣而言，只要能够让自己不感到寂寞，其实任何一个人都可以。

年轻人可以因为任何一个理由需要爱，但绝不能是寂寞，因寂寞而找寻到的爱，是不能给你带来幸福的，它只会让你越来越厌烦爱，更何况，那根本就称不上是爱。

年轻人正处于容易寂寞的时期，但请别仅仅因为寂寞，就破坏了自己对于爱最美好的憧憬。

或者你可以用感情去填充爱，去寻找爱。只不过，当你遇到了自己心爱的另一半，请为了这段感情去努力，去付出，而不仅仅是不再寂寞就好。

尽我最大的努力去爱你

走过太多辜负，雨打芭蕉哭成狗，总有一个终点，满树花开是人间……当我们谈论起爱情时，说得最多的是故事，是失落，是感伤。都觉得自己曾努力地去爱过，可是爱着、爱着，不是感情淡了，就是感情变味了……

这世界上肯定有遗憾的爱，可更多的爱被翻篇不仅仅是因为辜负，更是因为相爱双方的不尽心、不努力。

小露是个很美的女孩子，从外地考入北京的一所大学，毕业后就顺理成章地在北京工作了。因为学的是文学专业，小露在公司的职位只是一名普通的文员。

上学期间，小露就交了一个男朋友，她男朋友是北京人，比小露早一届毕业。当小露刚刚开始工作时，她男朋友已经是一家大公司的销售精英了，销售行业的收入相较文员来说高很多。而且小露男朋友的父母都有稳定的工作，家里还有几套房子，可以说她男朋友完全没有经济压力。

上学期间，小露很是低调，同学也很少议论她。而当小露的同事看到她男朋友开着奥迪车接送小露上下班后，就开始议论了。大部分同事表示自己的羡慕，更多的人觉得不以为然，小露虽然漂亮，可打扮得很一般，怎么会找到这样的男朋友呢？真的只是运气还不错，还是上赶着要嫁个优质男，然后做全职主妇？

可无论同事如何议论，小露还是该怎么做就怎么做。男朋友出差的时候，她依旧每天挤着地铁来上班，有时候快要迟到了，她也会气喘吁吁地一路小跑着赶时间。

每个月发工资的时候是小露最高兴的时候，虽然只有几千块钱，但她都会先考虑家人和男朋友，给他们买一些自己早就想好的礼物。有人说小露，你这一个月的工资，还没有男朋友一笔业务的提成高吧？你干吗还整天忙忙叨叨的，干脆辞职得了。可小露完全不在意这样的说法，只是认真地工作着。

只要是上班时间，小露很少跟男朋友联系。其他女同事总是会跟男朋友聊聊微信，或者干脆离开办公室在外面打会儿电话，可小露除非有要紧的事儿，否则连微信都不看。

小露做的是文字工作，所以需要手动敲很多文字，公司的资料、合同、会议记录等，每天小露的手指都没有休息的时间。因为过于忙碌，小露的手指疼了起来，她查了下，认为自己是“电脑手”，休息一段时间就会好。可小露的男朋友知道后，就不愿意了，他很认真地跟小露谈：“你别上班了，我挣的钱足够我们两人花的了。你这么忙、这么累为了什么？”

小露笑了笑说：“不行，我要上班的，我如果不上班啊，你过生日的时候，我连礼物都送不起呢。”

小露的男朋友觉得这个理由很好笑，说道：“不让你上班，是怕你累。我把工资都交给你管，如果想买礼物送给我，完全可以买啊。”

小露说道：“那不一样，那样只能算是我帮你买的，不能算我送你的礼物。我拿着你给我的钱给你买东西，跟你左手给右手钱，然后右手拿出去花，有什么区别呢？我就是要上班，用我自己的付出所得给我爱的人送礼物，这样我心里会舒服很多，我会觉得自己也在努力爱你，也在用自己最大的能力爱你。”

小露男朋友没想到她会说这样一番话，自己身边的很多朋友都是女朋友花着男朋友的钱，完全理所应当的样子，而这样的小露让他心疼又感动。

经过这番讨论，小露更加勤奋地工作。年终的时候，还被公司评为优秀员工，工资涨了一级，虽然只是几百块钱，可小露高兴坏了。一向不在上班时间打电话的她，也兴奋地去给男朋友打了通电话。她告诉男朋友自己被评为优秀员工，还涨了工资，然后一本正经地对男朋友表示了感谢。

她男朋友觉得有些奇怪，就问：“你感谢我做什么啊？我又没给你走后门，是你自己表现好才被评为优秀的！”

小露说道：“我感谢你是因为和你恋爱了啊，因为我想让你以后好好生活啊，想送给你很多你喜欢的礼物啊，所以，我才会更加努力地工作，让自己能跟你一样优秀，你就是我好好工作的动力呀……”

男朋友听了她的话，很是感动。

没过多久，小露成了幸福的新娘。

爱一个人，不是总想着索取，还应该想着付出，要努力用自己最大的能量去爱对方。爱情本身是抽象的，又是具体的，“尽我最大的努力去爱你”，才是世界上最真挚、最动听的爱情誓言……

▼

帮你的爱人实现梦想

很多男人一辈子浑浑噩噩，因为他们没有真正的目标，只是得过且过地消磨着时间。一家心理诊疗所的创办人说，大多数上门求教的人都是不明白自己究竟在追求些什么。因此，作为一名妻子，你为丈夫所做的第一件事，就是帮助自己的丈夫找出对生命的真正渴求和希望，然后，你们才能齐心协力地去追求、去实现这些有价值的梦想。

幸福的婚姻需要夫妻具有共同的梦想。至于梦想是什么，一幢房子、一趟欧洲旅行，或是一个大家庭，这些并不重要，重要的是夫妇二人能分享这个属于他们的共同的梦。

在威基塔市，威廉·格林翰石油公司是个逐渐受人重视的公司，负责人威廉·格林翰先生是公司创立和发展的主要功臣。他在50岁之前，就已经从石油经营和投资中赚得了可观的利润。不仅如此，格林翰和他的夫人玛瑞丽还拥有许多让人羡慕的成就：6个健康可爱的孩子、快乐的家庭生活以及一份很成功的事业。这一切，让他们对未来的岁月充满了希望。

早在他们刚结婚时，玛瑞丽便了解了丈夫的梦想和计划，于是他们共同工作，开始从事房地产中介生意，介绍房屋买卖，从中抽取佣金。可以说，他们除了成功的信念和埋头工作之外，没有任何其他可以依赖的后援。他们的办公室就在一幢办公大楼的废弃通道的末端，玛瑞丽在这里负责联络客户，威廉则在外四处寻找合作业务。刚开始的那段时间，业务进展非常缓慢，这对年轻的夫妇不得不精打细算，否则全家便要饿肚子。

在业务有了起色之后，他们便自己出钱买下房子，再转手以获取利润。再后来，他们就开始销售自己建造的房子。由于经营状况顺利，威廉觉得应该投资一些别的行业，以获得更大的发展机会。经过几次家庭协商，夫妻俩都觉得石油生意最适合威廉去做，因为威廉一直渴望业务能更快成长并能面对更多的机会和挑战。

于是，“威廉·格林翰石油公司”诞生了，公司迅速发展，这一直是一个非常成功的范例。后来，威廉开始寻找新的目标。他和玛瑞丽考虑往国外投资的可行性，一旦拿定主意，他们便会立即将它付诸行动。

当威廉夫妇为自己制订计划和选择目标时，总是考虑到威廉所受过的训练、倾向和性情。玛瑞丽说，威廉一旦实现了一个目标，一定会再寻找另一个更富挑战性的难题，以避免失去生活和事业中的乐趣。而在共同面对挑战的过程中，他们夫妻之间也建立起了一种更有价值、更亲密的生活方式。

要想获得成功，必须经历两人共同订立计划、付诸行动，直至实现目标的过程。格林翰夫妇的成功就是极其生动的证明。

相爱的意义并不是双目对视——而应该是看向同一个方向。你还应该明白，对你和你的另一半来说，成功意味着什么，是数不清的金钱，众人瞩目的社会名望，控制他人的权力，生活的安全感，还是满意的工作?

这些问题，正是你和爱人需要深入思考并共同给出答案的。因为对于不同的人来说，成功可能意味着不同的意义。而只有找出成功对你们的真正意义，才能最终决定你们共同的人生目标。

不要试图改变你的爱人

婚姻是美好的，很多人在提到对婚姻爱情的看法时，会用到“经营”二字，其实婚姻最需要的不是去“经营”，而是去“保养”。就如同我们的肌肤需要保养，贵重的饰品需要保养，价值不菲的轿车需要保养，我们想要的优质的婚姻也需要保养。

所有的夫妇都是心怀“白头偕老、永结同心”的愿望结合在一起的，但由于生长环境的差异，两个人即便再默契，都不可避免地会有对对方感到不满意的时候。一般来说，做妻子的对丈夫的不满意程度通常会高于做丈夫的，所以不少妻子在对自己婚姻的“经营”过程中，会想着去改造自己的丈夫，让他按照自己的意愿行事。比如，不喜烟酒的妻子会想把丈夫改造得烟酒不沾，喜好打扮的妻子会想把丈夫也打造成时尚潮人。女性的这种改造欲望一旦膨胀起来，对丈夫的改造范围便会越来越广，甚至连丈夫的神情举止都要合乎自己的规范。对方稍有不从，她就会感到不快，甚至大发脾气，这样两个人难免会争执起来。

而这些夫妻之间产生争执的主要原因，是妻子想要用一把雕刻刀对婚姻进行雕琢，她们时时刻刻想用这把刀按照自己的要求去雕塑自己的丈夫，以符合自己心中的理想形象。但是有谁愿意被雕塑成一个失去自我的人呢？那些试图改造自己丈夫的女性不妨先问问自己，你愿意被丈夫改变吗？你愿意放弃自己的想法而去和丈夫保持一致吗？如果你不愿意的话，那么就应该知道，你的丈夫也是这样想的。

有的女性可能会为此辩解说："我这样做是为他好。"但你凭什么觉得自己的观念、行为方式就优于你的丈夫呢？而且就算你的想法、做法再正确，但好心也可能会办坏事。这就像你因为觉得看着不舒服便试图把有一块疙瘩的瓷瓶上的疙瘩打磨掉，虽然你的初衷是好的，但这样做也有可能得到坏的结果——疙瘩没有磨平，瓷瓶先碎了。要知道，每个成年人都不是半成品，而是已经雕塑好的艺术品，渴望得到的是他人的赞赏而非再加工。因此，女人千万不要把婚姻当作一把雕刻刀，不要总想着将自己的丈夫加工成自己心中的模样，要懂得以欣赏艺术品的眼光去欣赏自己的丈夫，要经常对自己的婚姻进行"保养"。

有对夫妇，丈夫很粗心，总是丢三落四，他一找不到东西就会习惯性地去问妻子，而妻子总是不厌其烦地帮他找。一次，丈夫在家中弄丢了一份重要的文件，妻子四处翻找，直到第二天清晨才在鞋柜后面的缝隙里找到了这份文件。丈夫看着妻子满面倦容，愧疚地说：“都怪我太粗心了，害你忙了一夜。”妻子淡然一笑，说：“若没有你的粗心，哪里能体现出我的细心呢！”

世界上最难的事情就是改变别人，世界上最容易的事情就是改变自己。所以女人在自己的婚姻保养过程中，要想尽量与丈夫保持融洽的关系，和谐相处，那么就要接受对方与自己的差异，多肯定对方的独特之处，只有学会了求同存异，才是真正地在保养你的婚姻。

当然，我们在保养婚姻的过程中也不能一味地包庇对方的恶习。对于女性来说，如果丈夫真的有一些不良习惯，那么做妻子也要学会聪明地“改造”丈夫。改变是需要极大的爱和鼓励才可以进行的。如果你在请求他做出某些改变前，先聪明地说出两三句恭维的话，相信他会更乐于接受你的请求。比如想让丈夫戒烟，你就可以先说：“你真好，我想就这样永远和你在一起！为了让我们相处的时间更长久，更为了你的健康，咱们努努力，试着戒戒烟吧？”

温柔的一句提醒会让男人倍感温暖柔软， 当你的丈夫习惯了听你的劝解，他会从根本上改掉自己的恶习，他也会感觉自己更加离不开你，你们的婚姻关系也会更加牢固。

爱他，更要爱他的家人

结婚后，很多人可能会有这样的疑惑：我是由我爸妈养活这么大的，结婚前公公婆婆（岳父岳母）没有给我什么，我有必要对他们那么好吗？但是不要忘了，公公婆婆（岳父岳母）是没有养活过你一天，也从没给过你什么，但是婆婆（岳母）十月怀胎，生下你的爱人，并且费尽心思把他（她）培养成人，让你们结为伴侣，一辈子生活在一起，你不孝顺他们，你的爱人心里能愿意吗？还有一点，结婚的人一定要知道，你结婚的目的是什么？是为了幸福，更是为了爱。所以，爱，就要学会爱他（她）所爱！爱，就要学会爱屋及乌！

虽然在结婚之前，小惠就已经知道，结婚从来都不是两个人的事情。可真正走入婚姻生活后，小惠还是无法立即接受“丈夫不但属于自己，还属于他的家人”这样一个事实。婚后第一年，小惠的丈夫几乎每个周末都要带小惠回自己父母家，这对于年轻爱玩的小惠来说，周末生活几乎都被毁掉了。时间一长，小惠对去公婆家有了抵触心理，她开始找各种理由推托。

后来，小惠的丈夫也感觉到了她的变化，便和她好好地谈了一次。丈夫对小惠说：“我知道咱们刚结婚，我也很想周末的时候多陪你出去玩，好好地过过二人世界。但是，你也知道咱们的父母都年纪大了，正是需要我们关心的时候。咱们多抽空过去陪陪他们，他们会觉得你这个新媳妇懂事孝顺，会更加疼爱你。而且这样到了过年的时候，咱们就好去山西你父母家陪他们过年了。”小惠听完丈夫的话，抵触情绪不那么强了，但她仍和丈夫讨价还价，约定每个月只回去一次，丈夫无奈地答应了。

后来，直到小惠做了母亲，她才开始反思，天下父母心，都是一样的。她才真正理解“丈夫并不只是一个丈夫，一个父亲，同时他也是公公婆婆的儿子”这样一个事实。于是，她开始主动张罗着带孩子去公婆家过周末，这一举动让小惠的丈夫感动不已，对她更为体贴。

《新结婚时代》一书中说：“嫁给他，等于嫁给他全部社会关系的总和。”这话说得非常有道理。爱他（她），就要从内心真正接受他（她）的家人、善待他（她）的家人，这是婚姻走向美满的非常重要的一步。

在我们的周围，有很多夫妻之间出现问题并不是因为相互之间的感情不好，而是无法从心底接受对方的家人、无法与对方家人和睦相处导致的。因此，为了能够念好婚姻这本“幸福经”，我们一定要有爱屋及乌的心理，善待公公婆婆（岳父岳母），这样不但能让你得到他（她）更多的爱，也能让你同时赢得他（她）对你更多的尊重。

作为晚辈，对待长辈时多一分理解，多一点耐心，怀着感恩的心态来看待与长辈间的矛盾，会更有助于问题的解决，有助于打造宽松、愉快的家庭生活环境。

别因攀比辜负了彼此

很多人都喜欢生活在攀比之中，不仅是在物质上进行攀比，还会将自己的另一半拿出来攀比，跟同学比，跟闺密比，跟前男友比，跟前女友比，跟所有人比，这种比较之后，你会得到什么？是激励还是幸福？相信更多的人得到的是不快乐，而这种不快乐会在无形中蔓延到你与另一半的关系上，让你变得较真起来，矫情起来。

李明和金晶夫妻二人最近的工作可谓顺风顺水。李明刚刚被公司任命为销售部主管，他凭借出色的表现熬了多年，终于一朝转正；金晶所在的广告公司也将一个重大项目交给她做，并且很有可能在项目完成之后提升她为设计部副主管。

夫妻两个心情大好，每天上班都高高兴兴的，比以往任何时候都更加努力。可惜这种好局面并没有持续多久。一个周末，两人分别参加完各自的聚会之后，心情瞬间变得恶劣了。

李明从同学聚会回来，一进家门，就摆出一副铁青的脸。原来在聚会上，李明遇见了高中时比较要好的同学小陈。小陈一身名牌，穿戴奢华，出手阔绰，一见面就送了李明一盒价值不菲的香烟，并财大气粗地说："哥们儿，还在白领阶层熬着呢？你看看咱，早就是老总了，不瞒你说，要不是同学聚会，平时你想见咱，门儿都没有！"李明生了一肚子气，自己辛辛苦苦地工作，到最后自己的年薪可能还不够小陈的一顿饭钱！

而金晶，自从参加完朋友聚会就一脸不高兴。她的情况也差不多，曾经一个落魄到几乎靠自己救济的朋友，现在竟然开着名牌跑车，拿着名牌包包，浑身上下珠光宝气。一见面，这个朋友就虚情假意地说着空洞的客套话，还随手给了金晶一张某酒吧的消费金卡，说是她老公特意给她办的，不过她嫌那里档次太低，不喜欢，所以送给金晶了。

自此之后，两人心情跌破冰点，不但彼此间争吵不休，还将负面情绪完全带进了工作。于是，他们每天不是对着同事和下属挑三拣四，发泄怒气，就是消极怠工，做什么都不在状态。由于两人的工作基本停滞，他们分别被各自的公司强制休假，勒令回家调整状态。

李明和金晶生活得原本不错，工作也做得挺好，却因为聚会上发生的一些不愉快的俗事而影响了心情，更严重影响到了工作状态，得不偿失。

真要较真起来，永远会有更有钱的或者有更好物质生活的人在，你的另一半永远都不如别人。所以，不能用这种攀比的心态来看待你的另一半，如果你因为这一点而放弃跟他（她）在一起的快乐，就算你再次找到所谓的真爱，你也依旧寻不到你所谓的快乐。

▼

这世界，唯有爱和健康不可辜负

《悲惨世界》让安妮·海瑟薇拿下了奥斯卡小金人，但很多人不知道她为该戏付出了多少。为了更贴近角色，她采用了地狱式的节食食谱，暴瘦了20斤；《穿PRADA的恶魔》里，那如魔鬼般的身材是她疯狂练习高温瑜伽和俯卧撑、只吃鱼和蔬果锻炼出来的！更有娱乐记者写新闻说，为了能够瘦下来，压力过大的安妮·海瑟薇吸食药物舒压、减食欲，最后才瘦成了电影里形如枯槁的模样！

美丽固然重要，可这个世界上最难能可贵的是健康，当健康不复存在，美丽与爱又有什么意义呢？

小黑哥是一名资深的户外运动爱好者，他四十多岁的年纪，可看上去像三十来岁，皮肤黝黑、身材健硕、沉默寡言，逻辑思维清晰，组织能力过人。

他组织的户外活动时间大都选在周末和小长假期间，他带着队友们离开城市，去户外享受新鲜的空气，感受运动后的酣畅淋漓。他的队友大都是城市里的宅男宅女，人们亲切地称呼他为“队长”。无论有谁在哪个位置喊他一句，他总是碎步疾风，三两步就走到那人跟前，询问是否有需要帮助的地方。

一起参与活动的经常会有新人，小黑哥总是会在某个位置停下来等着大家。爱说笑的人问他：“黑哥，你这身板以前是搞运动的吧？”

小黑哥憨笑着说：“你或许不相信，两年前爬一座高度不足500米的山，我足足用了两个小时，而且汗流浃背，累得气喘如牛。”

这似乎不可思议，又不合情理。短短两年时间，小黑哥就能成为一名运动健将？现在的他，二十分钟就可以爬一座高500米的山，而且到了山顶依旧能呼吸均匀。

有人忍不住好奇，问小黑哥：“怎么两年的时间能让你有这么大的变化？”

小黑哥沉默了一会儿，还是开口说了：“两年前，我每天的精力都在工作上，为了赚钱养家，每天都在工作、加班，日子好似没有终结地循环着。

“可是一次公司的体检，为我平静的生活打了一个大大的问号，我被诊断出严重的肝硬化症状。那时的我正处在事业的巅峰期，我首先想到的是家人，如果我离开了，家人怎么办？他们再也感受不到我的爱和付出了，而我也再也无法为他们付出。

“我消沉了很长一段时间，直到我鼓起勇气再次去复查，才得知自己的身体并没有那么糟糕，其他数据都很正常，只是转氨酶高，而我需要做的就是戒酒、减肥。

“那一刻的我犹如死而复生，我恨不得跟家里所有的人拥抱一番。高兴过后，我开始为自己规划新的生活，我每天都会运动，周末更是有固定的运动时间，有时跑步，有时爬山，有时健身……

“有时候我会邀几个好友一起运动，慢慢地，一起参与的人多了起来，我也开始将这件事模式化，现在每个周末和假期都会安排、组织今天这样的活动。”

小黑哥的改变和努力源于对家人的爱，有时候爱不仅仅是物质上的给予，也不仅仅是精神上的鼓励，更长久的爱表现为陪伴。你的陪伴才是家人和爱人最需要的，也是你对自己的不辜负。

这世界，唯有爱和健康不可辜负。

09

Ni Zhixu Nuli Shengxia
De Jiaogei Shiguang

你只需努力，
剩下的交给时光

万事皆有可能，只要你去做了

现实的社会中，有梦想的人很多，而不甘于现状的人也不在少数。人人都希望自己能事业有成、名利双收，但成功者却寥寥无几。更多的人犹豫不决、瞻前顾后，前怕狼后怕虎，导致其很多好的计划、想法都“胎死腹中”，最后落得一事无成，其梦想也就成了一种空想。

哈佛教授指出：“一个人的行动具有激励的作用，它是对付惰性的良药。”也就是说，行动力决定了一个人在成功的道路上能走多远。正如有句话所说，生活不能像做菜，不能等所有的材料备齐了再下锅。有了想法，即使某些次要条件不太成熟也应该立刻行动，这样做可以抢占先机。

说起王跃胜这个名字，估计有些人不太熟悉，但要提到“飞宇网吧”，大多数北京人不会感到陌生，王跃胜就是飞宇网吧的校长。

王跃胜是农民出身，他曾当过煤矿工人，起初，他以为这样就能过上好日子，但没干过重活的他，下井才七天，就弄得浑身是伤。现实告诉他，追求富足，他需要再找一条适合自己的路。

1997年7月，王跃胜第一次来到北京中关村。他在两个月里几乎走遍了中关村的每个角落，苦苦寻找着商机。一次偶然的机会，王跃胜进了一家网吧，发现里面全都是大学生，这时他的脑海里突然产生了一个想法：既然电脑这么受大学生欢迎，不如开个网吧，既能赚钱，又可以交高素质的朋友。

主意已定，说干就干。他首先对附近的大学生们进行调研，调研的结果再一次证明了他在学校附近开网吧的想法是正确的、明智的。随后，他开始选择网吧的地点：北大、清华、北航、理工大等学校相比，北大相对好一些，因为校南门离学生宿舍很近，并且北大处于中关村的核心地带，还可以辐射到周围的学校。于是在1998年西方情人节那天，王跃胜的飞宇网吧开业了。

之后，他的事业蒸蒸日上。在他的苦心经营下，飞宇网吧由最初的25台电脑，100多平方米的营业面积，发展到后来的全国300多家分店，仅北京大学附近就有18家分店。

王跃胜的行动不断地丰富着自己的财富梦。他曾说：“想到好的主意，我一定马上实行。”或许这是他事业取得成功的关键。

农民出身的王跃胜没有显赫的身世，也没有多高的学历，更没有富足的资产。他有好的想法后，积极地行动，最终打造了自己的“飞宇帝国”。

有人说，只懂得行动而不思考的人是愚蠢的。不可否认，思考可以让一个人的行动更加有价值、更加高效。但思考本身也是有很多局限的，有的事情即便思考了也只能走一步看一步，如果不付诸行动，点子还是点子，你永远不知道下一步该怎么走，也不会在行动中纠正和弥补自己的一些错误的想法。更有甚者，会耽误了自己完成事情的最佳时间，让自己不得不放弃。

塞缪尔·约翰逊说：“如果要先搬掉所有的障碍才行动，那就什么也做不成。”不要坐等自己想动时才动，也不要等到看清楚每个问题的解决办法之后才开始行动，认准了这是一件该做的事，你就应该立刻抓住大好时机，迅速做出重大决定，然后马上投入行动。如果你想成功，就要立即行动起来，积极性能够导致一个人的行动，也能积累起一个人的冲劲，而这些都是成功的无价之宝，是打破希望与成功间屏障的有力武器。

只要你真的努力了，就一定会被承认

至今我还记得我上初中时的一门手工课。那时的手工课一周只有一节，而且经常被一些主课老师强行占走。没有人会重视这样的一门课，但那一学期，我们的代课老师却很认真，当数学老师理所应当地认为下一节的手工课可以改成数学课时，手工课老师还是会奇迹般地出现在讲台上。

这样的老师让我们欢呼过，当然我们的欢呼不是喜欢课程的内容，而是喜欢这四十五分钟的放松。可是无论我们以何种心理欢呼，手工课老师依然会微笑着给我们讲解一些手工常识，并鼓励我们多注意生活中的一些小细节。

一次，我们的手工课被留了作业，这是每个人都想不到的。作业的内容很简单又很复杂：要求我们“变废为宝”自制一把小刀。

女生们并不感兴趣，而男生们却兴致很高。为了能找到一块合适的、优秀的材料，那天放学后，同学们结伴去了附近的建筑工地。我在那里也找到了心仪的材料——一根光亮干净没有锈痕的废锯条。

接下来的每一天，我都会在放学后开始工作。每天邻居下班时，都会看到我坐在家门口，旁边放着一碗水，手里正拿着那根锯条在家门口的楼梯上呼哧呼哧地磨小刀。每天，我都会一直磨到妈妈叫我回家吃饭才停下来，如果当天的作业不多，我还会在饭后再忙上一会儿。

一周后，我的作品成型了。可当我看到别的同学的作品后，心立马凉了半截。别人的刀刃磨得又光又亮，刀锋也长。而我的刀刃在楼梯上磨得黑不溜秋的，刀锋也是短短的，充其量就是一把小匕首。

手工老师将大家交上去的作业，一件件地过目，他很认真地询问同学，并且给每一把小刀打分。对于一些别出心裁的作品，他总是会夸奖几句。

当看到我的那把小匕首时，老师很是诧异，那一刻的诧异让我觉得老师是在嫌弃我的作品，而同学们此时的哄堂大笑更是让我肯定了这个想法。所以当老师问这是谁的作品时，我很小声地回答了一声，然后有些不好意思地说："老师，我这个确实不太好看，可是我每天都磨很长时间的。"

没想到老师对我笑了笑，他的微笑让同学们的笑声停了下来，他很认真地表扬了我，并且说："这把刀是我今天见到的最丑的作品，却是最用心的作品。”

老师的表现让我明白了自己的努力被肯定了。那确实是我的用心之作，即便不漂亮又怎样？我努力了，收获最多的是我自己。

人生就是这样，你的努力或许就如同蚍蜉撼树。可纵然高手如云，你一时没有成功的机会，只要放弃，只要敷衍了事，你就是彻底失败了；而只要你努力，即便一时处于弱势，你仍然对得起自己，对得起今后的时光。

是的，只要你努力了，就一定会被承认。

从现在开始改变自己

在洛杉矶，一个人搭乘一辆出租车去某地。他上了车之后，才发现这辆出租车与其他的出租车有所不同。虽然从外表看，这辆车只是被保养得很好而已，没有任何的划痕，并且清洗得很仔细，车身上完全找不到污垢，但是内部却和其他的出租车大有不同。这辆车的内饰非常整洁并且很有品味，而司机也着装整齐，好像是五星级酒店的侍者一般，面带微笑。

在汽车发动之后，司机还通过后视镜询问他要不要将空调开大一些，要不要听一点音乐或者听收音机。车上的储物袋里有最新的《华盛顿邮报》和若干本杂志，车载冰箱中储存着果汁、可乐等饮料，如果想要喝点热咖啡的话，保温瓶内也有速溶咖啡。

这些细心的布置和周到的服务让这个人感觉非常吃惊，于是紧张地看了看司机。司机笑着对他说："现在这个时间我们要走的道路会塞车，但是高速路不会，我们可以走高速路吗？"这人点点头，同意了司机的建议。

过了一阵之后，道路上的车流量不是很大了，司机便跟乘客谈了起来："我是一个无所不聊的人，除了宗教和政治的话题之外，您想聊什么都可以。当然，如果您想要休息一下或者看看风景的话，我就安静地开车，不会打扰您的。”出于对这辆出租车和这位司机的好奇，这个人便开始与司机攀谈起来，他问道：“为什么您的出租车与我乘坐的其他出租车有这么大的不同，您是从什么时候开始用这种方式服务的呢？”司机这样回答他：“从我觉悟的那天开始的。”

“原来我就是一个非常普通的出租车司机，跟其他人一样每天都过着千篇一律的生活，并且还经常抱怨我这份工作，感觉如此辛苦的工作却看不到未来的前景是一件令人非常懊恼的事情。可是有一天我收听到的广播节目彻底改变了我，那期节目主要谈论的是人生的态度，大体上是在说你相信上帝，那么上帝就会对你仁慈，如果你不相信，那么上帝也就会像从来都不存在一样。如果你感觉你的生活样样都不如意，那么一切发生在你身上的事情都会让你觉得倒霉；相反，如果你觉得今天将会是幸运的一天，那么今天你所遇见的每一个人都会是你的守护天使。从那一刻起，我便觉得我应该开始一种新的生活方式了。”司机讲述着自己的故事。

乘客听后笑着说：“所以你就把自己的车弄成现在这个样子了？这样做让你感觉到快乐了吗？”

“当然了，你看，我以前将我的工作当成一种折磨，但是现在我感觉工作就是一种快乐的生活。我把所有的精力投到这上面，我给汽车做了好多改进，加装了一些设备，修理了原来不太好用的车载音响，更新了各种风格的音乐CD。并且为了能够让顾客满意，我在业余时间读了不少书，这样我就能与你们随便聊聊了，因为我有丰富的谈资。”司机笑着说，“这样一来，不但你们乘坐我的车的时候能够非常愉快，我自己也乐在其中。现在我认为我是这个世界上最幸福的出租车司机。”

不一会儿，目的地到了，在车停下来后，司机先下车并为乘客打开了后门，同时递给他一张自己的名片，并对他说：“希望我们下次还能见面。”

“我也期待能够再次坐您的出租车！”乘客非常高兴地接过名片，并决定以后再搭出租车就联络这个司机。

这位出租车司机是当地非常有名的人，他的出租车受到很多人的欢迎，生意一直都非常好。他并没有多么崇高的理想，只是想要自己每一天都能认真做事，希望自己未来的每一天都不是暗淡无光、没有色彩的。

未来的你不一定会满足于自己的成功，而一定会满足于你曾经用心去过好的每一天。所以，不要敷衍，让单调的生活多一些色彩吧！

做一条奋力游动的鲨鱼

硬骨鱼类的腹腔内几乎都有鳔。鱼鳔会产生浮力，使鱼在静止时，自由控制身体的位置，让鱼可以停留在任何一个水层。不仅如此，鱼鳔还能使鱼的腹腔有足够的空间，保护其内脏器官，避免水压过大而受损。换句话说，鱼鳔的存在是鱼生死存亡的关键。

而被誉为“海洋霸主”的软骨鱼类鲨鱼却是一种没有鱼鳔的鱼类。鲨鱼的存在年代久远，至今已有四亿年，甚至比恐龙还要早一亿年。科学家经过研究，发现鲨鱼因为没有鱼鳔，一旦停下来，身体就会下沉。它只能依靠肌肉的运动，永不停息地在水中游弋。

可没有鱼鳔的鲨鱼是如何在水中生活了那么久呢？答案也正是鲨鱼的这种天生缺陷。正因为有这种缺陷，鲨鱼只能不息地努力游动，反而造就了它的强大。所以，鲨鱼没有鱼鳔，是好事也是坏事。

鲨鱼的世界如此残酷，人类的世界也是如此。1982年的一天，一个新生命在澳大利亚的墨尔本呱呱坠地。这个新生命的到来仅仅让人们高兴了几秒钟，因为医护人员发现他竟然无手无脚，只有一个小小的左脚掌及其与之相连的两个脚指头!

他的父母没有放弃他，可他的童年充斥着小朋友们的嘲笑，自卑和孤独成了他的家常便饭。10岁的一天，他甚至试图以自杀的方式结束生命。

可父母的爱让他不舍，在过了年少的叛逆期后，他学会了思考，经过多少次艰难的抉择，他决定坚强起来，为了那短暂又漫长的未来。

他开始努力像正常人那样去生活。在家人和朋友的帮助下，他不但学会了刷牙、洗头、打电脑，而且能像常人一样玩滑板、游泳、踢球、钓鱼、骑马，甚至是开快艇……而较于常人，能做到这些，并不是靠练习一两百次就可以成功的，他付出了常人难以想象的坚韧和不停息的努力。

19岁那年，他在学校观摩了一场演讲，这一场演讲让他心潮澎湃，他好似看到了自己的未来，一个大胆的想法占据了他的心：我也要学习演讲，我虽然没手没脚，可我的嘴是健全的，我可以说得很好，我可以用语言让更多的人得到我今天的感受，我也要用语言给更多迷茫的人带去希望!

此后，他开始为了自己的想法努力，他不断尝试，尽管每一次尝试都那么艰辛，但他的想法始终坚定！

现在，这位没有手和脚的年轻人已经拿到了两个大学的学位，并且获得了澳大利亚“杰出澳洲青年奖”。而他的称号更是让人吃惊，他是银行家、CEO、演说家。他已经在20多个国家进行过演讲，已经与数百万人分享了自己的故事与经历。

他的名字就是力克·胡哲。

如今，力克·胡哲的名字已经和他的笑容一样深入人心，他的努力不仅成就了自己，更激励了无数身陷困境中的人重新燃起希望之火！

心中有希望，你就会不停歇地去努力。脚下就有路，你就会努力地向前迈步。不要纠结于这个世界带给你了什么，与其为上天的不公仰天长叹，不如做一条奋力游动的鲨鱼，努力打造属于自己的强者之路，书写自己的灿烂人生。

▼

不要逗留，
没有人会停滞不前

如今社会发展日新月异，我们在走向未来的路上绝不可以原地踏步！现在的你别无选择，不进则退，退即淘汰。

前乒乓球世界冠军邓亚萍在退役后，进入国际奥委会工作。国际奥委会官员和所有工作人员必须熟练使用英语和法语，而邓亚萍对此毫无基础，她甚至连26个英文字母都写不全，文化知识也是非常匮乏。但仅仅三年时间，邓亚萍不但熟练地掌握了英语，而且选修了相当多的文化课知识。士别三年，不可能成为可能，她真的做到了华丽转身。

邓亚萍从一个退役运动员，变成了一个在奥委会中能够独当一面的经略大员，这本身就是一个看似绝对不可能的事情，由于她文化基础欠缺，多年不曾上学，年龄偏大，负荷太重，这每一分劣势都削弱着她成功的概率。事最终有所成，就绝对是对最微小的可能性的最坚韧的努力和执着。

中国台湾地区著名歌手蔡依林在刚步入歌坛时，以清纯玉女的形象示人。但是，走青春玉女路线的歌手实在太多，这条路线并不是非常出彩，而她的发展之路也的确遭遇了困境。

蔡依林想要在新人辈出的乐坛占有一席之地，于是她决定努力来一个转型。当蔡依林跳着华丽的舞步，再一次出现在人们面前时，她已经蜕变成七十二变的小魔女。此后，她又再接再厉，变身舞娘，翻转腰肢，舞动长带；化身蝴蝶，翩翩起舞，花间翻飞；大玩美人计，魅影交错，摇曳婀娜。

当她在演唱会上展示了高难度吊环绝技时，惊叹了很多人。她一路努力、一路拼搏，取得的每一个进步都让观众看在眼里、记在心里。

所以，蔡依林在当今乐坛能够始终屹立不倒，就是对她必须进步心声的最好回应。

必须进步！这应该是年轻人对自己最强烈的意志投放、最不容拒绝的严格要求，从内心深处迸发出来的最强心声。

不要提那些宏大的、虚幻的、不着边际的成就，你只需记住一点，在人才济济的社会，如果你不去努力，不能进步，如果你停滞或是退步了，如果你被淘汰了，你的饭碗就会被人抢走，到时你该怎么生存呢！

你必须明白，社会上的位置是流动的，供给永远比需求更多，同样一个位置的替换率是非常高的，在优胜劣汰原则的指导下，没有什么是不变的！还在为一个位置而不断竞争的人，或是为了自己现在的位置而持续坚守的人，请记住，除非有非常强烈的忧患意识，否则没有哪一个位置能够长久地属于你。

怎样做才能不被淘汰呢？你别无选择，必须解决这个最实际的问题；而为解决这个最实际的问题，你也别无选择，只能采取唯一的方法——努力进步！

唯有努力，才能完成人生的跨越

世界上的事情，做起来并不都是十拿九稳的，很多时候，我们会挑战一些成功概率微乎其微的事情。

但我们要记住一点，很多事情看似成功概率无限低，但远远还未低到零，哪怕它只是扎根在小数点后，淹没在无数零之中的一个小小的数字，那也代表着一定的可能。所以，请不要无视它的存在，也请一定要为这微小的可能性而努力。

一位在歌坛大红大紫的歌手，曾经只是一个为别人写歌的无名小卒，一直没有出头的机会。直到有一天，他的老板对他说："我看过你的作品了，你很不错，这样，我给你一个机会，如果你能在一个星期内完成100首歌，我就从中挑选10首，为你出专辑。"这位歌手一听，非常高兴，但是也知道在一个星期内完成100首歌的创作实在太难了，几乎没有完成的可能。但是，他在写一首首歌时，就告诉自己：我真的很想做到！我一定能够做到！最终，他真的在一周之内完成了100首歌曲的创作，他的老板也依言为他出了专辑，由此，他一炮而红。

一周写100首歌，对我们而言，那是天方夜谭，绝对不可能。但事情就是这样，没有绝对，它还是有一点点完成的概率的，就这一点点，对意志坚定的人来说，也就够了。

或许有人会说，那位歌手之所以能够做到，是因为他本来就很优秀，写歌再擅长不过，身负如此厚重的才气，突破一下也是有可能的。是的，这样说也不无道理，那么，我们可以看另一个例子。

山姆只是一个普通的铁路工人，他的工作是每天检查路基，并且排除一些隐患。

一天，他与几个同事一起在烈日炎炎的户外检查铁路，就在他们四处察看的时候，遇见了到基层视察工作的总裁杰克逊。杰克逊是从基层开始干起的，所以所有人都认识他。几个人见面之后，双方交谈了一会儿，之后杰克逊就离开了。

同事中有一个人是刚进入公司的新人，他不清楚为什么这里所有的人都会与总裁相识，并且看上去双方的感情还很好的样子，于是便询问山姆。

山姆解释说："当初杰克逊和我们一样，都是普通的工人，但是最大的区别就在于杰克逊这个人对于工作非常积极热情，而且还很认真负责。那个时候大家的工资是1小时2美元，这是一个非常低的价格。我们都对这份工作非常不满意，但也没有什么办法。可是杰克逊却从来都不这样想，他对待工作从来都一丝不苟，并且夜以继日地工作，从来都不曾偷懒。我们大部分人都会提早下班一会儿，然后去酒吧消遣一下，可是他却从来都不这样，甚至在休息日都能在铁路上见到他的身影。他经常沿着铁路行走，检查铁路的情况，就算是他生病了，也不见他离开岗位。你说如果这样的人都当不了总裁，这世界上谁还能当总裁？”

有的人工作了十几二十年都只能是普普通通的员工，而有的人则能够在年轻时就成为高层的管理者；有的人一辈子只能当一个小兵，而有的人则能成为指挥千军万马的将军。

大家都是从同一个起跑线上开始做起的，两者之间相差的可能并不多，唯一的差别就是后者懂得去努力，明白努力才能让自己的人生出现跨越。当然，或许你天生就比别人多了一些缺陷，那你更应该努力。

汤姆与一般的小男孩不同，他的左脚和右手先天畸形，但是，汤姆的父母一直对汤姆说：“你与其他的孩子没有不同，其他人能做的事情，只要你努力，就能做到。”

转眼间，汤姆长大了，他想踢橄榄球，他觉得他自己能够将球踢得比任何一个人都远，于是，他就这样做了。在参加冲锋队的选拔时，教练委婉地对他说：“你不适合做一名职业橄榄球运动员。”但是，汤姆没有气馁，他就是想做一名出色的职业橄榄球运动员！于是，他申请加入了新奥尔良队，并在一次友谊赛中踢出了55码而得分。

之后，在一场重要比赛中，球队落后一分，但所剩时间不多，教练对汤姆喊道：“汤姆，踢球！”汤姆走进场中，他知道难度很大，但他还是想努力踢得更远！最终，他奋力一踢，球越过了终端得分线，他为自己的球队赢得了制胜的三分。全场沸腾了，这全场最长的一球竟是一只残废的脚踢出来的！

当人们为此惊叹不已时，他微笑地说道：“父母告诉过我，只要我想做到，我就能努力做到！”

所以，无论何时，你都不要放弃努力，不要说自己做不到，因为那并非你真的做不到，而是不曾努力过。如果我们不想做到，十分的能力只能发挥五分，而如果我们想要做到，那五分的能力也会爆发到十分。别说自己能力有限，别把事情想得太难，只要你不给自己的能力设限，只要你足够努力，一切皆有可能。

走泥泞的路，才能留下清晰的脚印

有人做事是为了谋生，有人做事是为了实现自我价值和人生意义。工作也是如此，有人将工作视为自己的“饭碗”，如果你的心里也有这样的定义，那我们所做的很多事情都会被时间磨灭，被自己遗忘。

事情并不一定要喜欢才去做，在我们还不明确自己到底想做什么时，不妨试着“干一行，爱一行”。如果我们消极地鄙夷它、憎恨它、厌弃它、诅咒它，其实也就是在鄙夷、憎恨、厌弃和诅咒我们自己。

在日本，只有那些将毕生精力都贡献给自己所从事的行业的社会精英才能被授予“终生成就奖”。这是一份国家级的殊荣，无数人都在为这个奖项而奋斗，其中不乏一些非常知名的人物，可是有一届的“终生成就奖”却颁发给了一个名不见经传的“小人物”，他就是清水龟之助。

清水原本是一个普通的橡胶厂工人，后来转行去当了邮差。

最开始他并不觉得邮差是一个多有乐趣的工作，于是在一年之后，他决定辞职不干了，因为他觉得这份工作让他厌倦，并且没有什么兴致继续做下去。在他决定辞职的那天，他看见自己的信袋里还有最后一封信没有送出去，于是便想：“就算我明天就不干了，今天也得把这最后一封信送到，就算站好最后一班岗吧。”

可是这封信却因为被雨水淋湿了字迹，导致收信地址模糊不清。清水费了好一番波折也没能找到收信人的地址，但是他下定决心要做好辞职前的最后一件事，所以他还是耐心地大街小巷地打听这个收信人的信息，好不容易才在傍晚时分找到了收信人的确切住处。原来这封信是一张大学录取通知书，被录取的年轻人已经焦急地在家等待很多天了。当清水亲手将这封信送到这个年轻人手上的时候，年轻人激动得热泪盈眶，并和他的父母拥抱在一起，大声哭了起来。

这一幕深深地触动了清水的内心，他感受到了邮差这份工作的意义和价值所在，并决定不去辞职了。“即使是简单的几行字，也能给收信人带来莫大的安慰和喜悦。这是一份多么有意义的工作啊！我怎么能随便就辞职呢？”很久以后，当清水回忆当初这个情节的时候，他如此评价说。

从此开始，清水认识到了自己工作的意义到底是什么，领悟了这份职业给他带来的尊严和价值，他再也不曾感到厌倦，并且日复一日地坚持做下去。

在清水55岁的时候，他创下了25年全勤的惊人纪录。因此，他获得了广泛的尊重和认可，被称为“传递快乐的人”，并于1963年获得了天皇的召见和嘉奖。

行业没有贵贱之分，从事着一些非常普通的职业的人也有其自身不可替代的价值，只要能够在自己的行业中发挥出最大的能力，做出卓越的贡献，那么就是一种成功，一种人生价值的体现。前面的路再泥泞，也努力走下去，你留下的脚印是给将来的自己最好的回忆！

▼

别畏惧时光匆匆，成功不在意你的年龄

有一类人，明明正青春，却患得患失地数着分秒过日子，感叹着自己一天一天衰老下去，虽然他们的身体尚年轻，但精神已经迟暮。还有一类人，虽然已经垂垂老矣，但精神矍铄，潇潇洒洒，对生活常怀激情，在不断流逝的岁月中永葆青春。

日本有一个年轻人，他在医院工作，但那并不是他最初想从事的工作。因此，他备受煎熬，年纪轻轻就精神疲惫，毫无青春活力。一个偶然的机会，他听说了关于摩西奶奶的故事：摩西奶奶做农活做了一辈子，直到76岁的时候才开始做自己一直都喜欢的事情——绘画。这位老奶奶尽管早已过了古稀之年，可也精力充沛地投身到绘画之中，就像一个充满了朝气的孩子一样。80岁的时候，老奶奶在纽约举办了个人作品展，在她101岁去世那一年，她还画了40余幅作品。

年轻人非常惊奇于老人年轻的心态，他给摩西奶奶寄去了一张明信片，而摩西奶奶那时已经100岁高龄了，不过她还是给年轻人回了一封信。年轻人既感动又感慨，感动的是老人对一个普通人的来信竟然如此重视，还写了很多鼓励的话；感慨的是摩西奶奶如此高龄，竟仍像一个年轻人一般感受世界、享受人生。受到摩西奶奶的鼓舞，他辞掉了让他发疯的医院工作，专心于写作，在这过程中，他重新找回了生活的激情，再次焕发了青春活力，并最终成为世界知名的作家，他的名字叫渡边淳一。

青春就是一种心理状态，摩西奶奶尽管年迈，但也没有怀疑自己拥有旺盛的青春活力，而日本的年轻人在遇到摩西奶奶前，一点生活的激情与动力都没有。可见，青春与年龄无关。

同时，我们也可以看出，人们之所以会对时间的流逝感到迷茫和仓皇，甚至是恐惧，其原因就在于找不到可以依托的事业。没有一件自己觉得有意义的事情作支撑，人们就会觉得那些不停流逝的时间都白白耗费了，自己就是在浪费生命，而浪费生命总会让人感到害怕。

所以，年轻人为了常葆青春活力，一定要找到一个值得自己为之奋斗的事情，只有这样，你在面对时间的流逝时，才能够保持坦然，才能够更有活力地生活下去。

图书在版编目（CIP）数据

将来的你，一定会讨厌只是看起来很努力的自己 / 唐云著. -- 南京：江苏凤凰美术出版社, 2017.8（2018.6重印）

ISBN 978-7-5580-2212-8

Ⅰ. ①将… Ⅱ. ①唐… Ⅲ. ①成功心理－通俗读物 Ⅳ. ①B848.4-49

中国版本图书馆CIP数据核字（2017）第188268号

责任编辑　曹昌虹
装帧设计　瑞雅书业·赵　静　付世林
　　　　　许瑶瑶　陈卓通
责任监印　唐　虎

书　　名　将来的你，一定会讨厌只是看起来很努力的自己
著　　者　唐　云
出版发行　江苏凤凰美术出版社（南京市中央路165号　邮编：210009）
　　　　　北京凤凰千高原文化传播有限公司
出版社网址　http://www.jsmscbs.com.cn
印　　刷　小森印刷（北京）有限公司
开　　本　880mm × 1230mm　1/32
印　　张　9
版　　次　2017年8月第1版　2018年6月第3次印刷
标准书号　ISBN 978-7-5580-2212-8
定　　价　36.80 元

营销部电话　010-64215835-801

江苏凤凰美术出版社图书凡印装错误可向承印厂调换　电话：010-64215835-801